不用督促的学习

如何唤醒孩子的自主学习力

苏晓航 著

版权专有　侵权必究

图书在版编目（CIP）数据

不用督促的学习：如何唤醒孩子的自主学习力 / 苏晓航著. —北京：北京理工大学出版社，2021.5（2021.10重印）

ISBN 978-7-5682-9600-7

Ⅰ. ①不… Ⅱ. ①苏… Ⅲ. ①学习兴趣—家庭教育 Ⅳ. ① G782 ② G442

中国版本图书馆 CIP 数据核字（2021）第 041828 号

出版发行 /	北京理工大学出版社有限责任公司	
社　　址 /	北京市海淀区中关村南大街 5 号	
邮　　编 /	100081	
电　　话 /	（010）68914775（总编室）	
	（010）82562903（教材售后服务热线）	
	（010）68944723（其他图书服务热线）	
网　　址 /	http://www.bitpress.com.cn	
经　　销 /	全国各地新华书店	
印　　刷 /	三河市华骏印务包装有限公司	
开　　本 /	880 毫米 × 1230 毫米　1/32	
印　　张 /	9	责任编辑 / 李慧智
字　　数 /	195 千字	文案编辑 / 李慧智
版　　次 /	2021 年 5 月第 1 版　2021 年 10 月第 5 次印刷	责任校对 / 刘亚男
定　　价 /	58.00 元	责任印制 / 施胜娟

图书出现印装质量问题，请拨打售后服务热线，本社负责调换

本书赞誉

▶ Susan 这本书,把正面管教的理念、方法融入孩子的学习之中。她教家长们如何摒弃打骂和吼叫,如何着重培养孩子学习的内驱力,让孩子成为自然型学习者。

孩子学习的最终目的,就是学会如何学习。Susan 这本书,让家长知晓教育的本质,是一次管一生的教育。

——简·尼尔森博士,《正面管教》作者

▶ 本书提供了许多督促孩子学习的不同做法,能够帮助孩子快乐主动地学习,使家长的陪伴和教导事半功倍!苏晓航在书中分享了许多身体力行的育儿经验,值得阅读。

——姚以婷,资深正面管教导师,亚洲阿德勒心理协会理事长

▶ 很多家长给孩子报这个班、那个班,最后把孩子的学习热情都上没了。其实,如果能将孩子们的好奇心激发出来,他们都将是学习的高手。问题是家长不知道怎么做,还好苏晓航老师的新书,正是教你如何培养孩子的学习热情,让你真正成为不急不吼的妈妈。

——秋叶,秋叶商学院创始人

▶ 晓航老师这本书是一本有大格局的亲子书,书中涉及孩子厌学、写作业磨蹭、成绩差等让妈妈愁眉不展的具体问题的解决方案,但是重点又不限于此。她有更大的"野心",她想用这本书,让家长掌握培养优等生的秘诀——激活孩子学习的内驱力,帮助他们成为自然型学习者。

——王不烦,妈妈商学院创始人,妈妈不烦品牌创始人

▶ 怎样使孩子由"要我学"转变为"我要学",从而产生学习的内在动力,使学成为快乐的源泉?一直以来这都是一个社会、家庭、心理、教育方面的难题。

最近有幸读了苏晓航《不用督促的学习:如何唤醒孩子的自主学习力》一书。该书从家庭正面管教的理论与实践出发,明确了孩子学习的内在动力是孩子学习进步、快乐学习的源泉,指出了保护孩子学习内在动力不受损伤的具体方法,给出了提高孩子学习内在动力的一系列方法与措施,有助于最终将孩子培养成"自然型学习者"。

——佴磊,吉林大学教授,博士生导师,省优秀教师,国务院政府津贴获得者

▶ 苏晓航老师的新著《不用督促的学习:如何唤醒孩子的自主学习力》,从爱学习是孩子的天性出发,从理论和实践方面探讨了培养和激发孩子学习内驱力的问题,通过大量实用有效的方法,教家长把要孩子学的外在动力,转变为孩子主动学习的内在动力,从而激活孩子学习的"源头之水"。

——朱梅林,北师大教授,珠海妇女发展研究会会长

▶ 苏老师是我认识的身体力行的创业者和妈妈。我见过苏老师很多次,每次她都在兴致勃勃地谈她的家庭教育事业。直到有一天,她女儿来参加我举办的"诗词好声音"大赛,且获得了大奖,我才知道她的女儿多优秀。为了完成好比赛,孩子坚持不懈地练钢琴和诗词朗诵,一点也不输老妈对事业的热爱。家庭、事业、自我如何做到平衡且优秀?苏老师就是身边最好的案例。她不需要证明,她和自己的女儿都是无言的典范。

——曾进,骑象小学堂创始人

▶ 成为一个终身学习者,就从孩子做起;让孩子成为一个学习高手,就从翻开这本书开始。

——赵冰,国民讲书教练

▶ 推荐序

五年前,Susan(苏晓航)跟我系统地学习了正面管教的课程,她在这些课程中,很出色地将正面管教的理念和工具深深内化。Susan告诉我,在这几年时间里,她在全国各地各个场合,通过各种方式已经帮助了上万名中国家长。她还告诉我正面管教深刻地改变了她的生活,而她的女儿名字叫Janey,正是因我而得名。Susan的举动很了不起,我很感谢她付出的努力以及对正面管教理念的推广。

这是Susan创作的第一本书,我非常欣喜和期待。这是一本关于培养孩子自主学习力的书。Susan告诉我,在中国,孩子的学习是让家长非常头疼的一件事——他们因为孩子上学迟到而吼叫,因为孩子贪玩而争吵,因为孩子写作业拖拉而发火……其实,不只在中国,在世界各地,孩子的学习问题都是引发亲子矛盾的起因。吼叫和打骂并不能解决孩子的学习问题,家长需要掌握一些方法和技巧,尽快改变这种情况。

书中,Susan将正面管教的理念、方法融入孩子的学习之中。她教家长们摒弃打骂和吼叫,着重培养孩子学习的内驱力,让孩子成为自然型学习者。

爱学习其实是孩子的天性,但是家长一些错误的教育方式,无意中让孩子失去了学习的动力。Susan在这本书中,教给了家长很多培养和激发孩子内驱力的方法,让家长了解孩子的内驱力、学会保护孩子的内驱力,并逐步激发和提升孩子的内驱力,最终让孩子具备"源头之水",变得爱学习、会学习、能学习,掌握学习的主动性。

孩子学习的最终目的,就是学会如何学习。Susan这本书,让家长知晓教育的本质,是一次管一生的教育。

Jane Nielsen

简·尼尔森博士,《正面管教》一书的作者,同时还与她的女儿玛丽·尼尔森·坦博斯基,以及儿子布拉德·安吉合著了《正面管教养育工具》。

▶ 自序：让每个孩子都爱上学习

作为一名亲子问题咨询师，家长跟我咨询的最多的问题，就是孩子的学习问题，比如学习不专心、学习拖拉、学习不主动，等等。家长特别期望孩子能够主动自觉地学习，而孩子却很难做到。亲子关系出现问题往往由学习引起，常常有家长说："我们的亲子关系处得还不错，但仅限于不谈学习的时候。"也有孩子说："在不用学习的时候，我妈妈是天使；在监督我学习的时候，我妈妈就是恶魔，我讨厌死学习了。"

在近几年，我给家长开设了家长学堂，也给包含清华附小在内的众多学校的教师进行了园丁课堂的培训。在和家长及教师探讨孩子学习成长问题的过程中，我接触了大量的真实的案例。我渐渐发现，那些"优等生"和"差生"最大的差别就在于学习的内驱力！

什么是学习的内驱力呢？

简单地说，学习的内驱力就是人自身需要学习的内部动机。每一个个体从出生开始，都会产生学习的需求，这种需求首先源自生存，其次源自发展。也就是说，每个孩子生下来，都是迫切需要学习的，他的学习内在动机都是非常强烈的——爱学习是人的天性。养过孩子的家长都能发现，即便是两三岁的小小孩，他们在学习新内容、面对新事物时，那种认真劲儿、那种专注度比成人有过之而无不及。

既然爱学习是孩子的天性，为什么让孩子学习却成了家长最头疼的事呢？

这是因为要诱发并且长期保持这一天性，却并不是一件容易的事。这需要利用孩子的好奇心激发孩子的兴趣，并且让孩子有不断实践和体验的过程，让他们去验证，去质疑，再去验证，再去质疑……有了这样一个又一个的循环，学习的内驱力就会成为孩子成长的动力源泉。但是这并不是一件容易的事，它需要家长懂孩子，懂教育，不急于求成，愿意投入时间和精力……

在教育孩子的过程中，很多家长不仅无法激发孩子学习的内驱力，反而会损害它。有些家长往往忽略孩子自然成长过程，比如吼叫、打骂、施压、给孩子安排无数的习题、只关心孩子的分数……这都是在揠苗助长，最终让孩子对学习失去了兴趣。

这本《不用督促的学习：如何唤醒孩子的自主学习力》，就是以孩子学习的内驱力为主题，告诉家长如何唤醒、保护、激发孩子学习的内在动力。因为学习问题经常会演变成亲子问题，我也把正面管教的理念和方法融入书中，不仅让家长学到教育孩子的方法，同时也学会掌控情绪，不把情绪带入孩子的学习中。

希望家长能通过这本书，解决陪伴孩子学习时碰到的困难，缓解陪伴孩子学习的压力，并且认真地从帮助孩子成长的角度出发，让孩子看到自己的进步，鼓励孩子更主动地去学习，真正唤醒孩子学习的内驱力。

这本书都讲了什么？

第1章是让家长或教师有总体的意识和概念，弄清培养孩子学习的目的是什么，要培养具备什么学习能力的孩子，方向明确了才容易确定路径。

第2章让成人了解孩子自身具备的学习特质，从生活实践中去发现孩子本身就拥有的学习兴趣与能力，把忽略掉的孩子与生俱来的特质重视起来。

第3、4、5章都是具体的方法，包括保护孩子内驱力、激发孩子本身内驱力，以及利用外部环境的资源帮助孩子学习和成长。

第6章拓展家长的思路，学习并非仅限于学习课堂知识，零花钱、家务活、游戏都是帮助孩子学习的好工具和途径。既帮助家长走出认知的误区，又帮助家长借孩子喜欢的方式引导孩子学习。

第7章是提升篇，让家长不仅看到现在的结果，更看到孩子发展的需要；不只是要求孩子现在拥有好的学习状态让家长安心，更重要的是帮助孩子树立远大的目标，把孩子培养成对自己负责、对社会有用的人。

当然，每个孩子都不一样，每个孩子都有他的独特之处，我选取的案例更多地从共性出发，希冀帮助更多的家长从中受益。家庭教育的工作既宏大又细致，既有长期规划又有日常实践，书中难免有遗漏、以偏概全之处，欢迎大家批评指正。我的微信公众号是"晓航说"，大家有更多想要探讨的育儿问题，欢迎在公众号留言，也欢迎在公众号获取更多的语音及文字资料。

最后要特别感谢在培训和咨询工作中提供支持的校长和教师们，特别感谢Veevee老师为本书所做的视觉效果的大量工作，也特别感谢新时代家庭教育研究服务中心的全体工作人员付出的努力，还有和我们一起成长的孩子们，如果没有他们，这本书很难有这么多精彩的案例。

另外，这本书保持着我一直以来讲课的特点，用鲜活的案例来引导家长举一反三，同时每一章节后都有相应的实践指导，目的是为了让家长们不但看过，而且真正去做，并做到。如同在课堂上一样，我特别希望家长有不完美的勇气，先去做，再做好；也特别希望家长勇于犯错误，因为错误是学习的好机会。当您意识到自己犯了错误，但却不知道如何修正的时候，正是可以进一步学习和提高的时候。记住，家庭教育任重道远，您不是一个人在战斗，我们一直在，默默地支持和帮助您，在公众号"晓航说"解答您的困惑。

苏晓航
2021年1月

CONTENTS 目 录

第 1 章
每个学习能力出色的孩子，都是点燃了学习内驱力

1 / 具有自主学习的习惯，是学习能力出色的孩子的共性

1. 家长和老师的终极目标，就是培养孩子的学习内驱力　　002
2. 懂得自主学习，家长省心，老师放心，孩子优异　　006

2 / 培养孩子学习内驱力，父母要坚持两个原则

1. 自主学习是快乐学习的结果　　013
2. 学习成绩出色是自主学习的额外奖赏　　016

第 2 章
了解孩子的学习内驱力，助力孩子成为学习高手

1 / 爱学习是孩子的天性，帮他轻松培植爱学习的"基因"

1. 家长这样做，让学习成为孩子生活的一部分　　024
2. 发掘孩子的内驱力，让学习成为孩子的"必需品"　　027
3. 孩子不学习？大脑都不会答应！　　032

2 / 孩子学习没兴趣？快看看是不是你伤害了孩子的学习积极性

1. 家长，快看看你是否做了孩子学习方面的"猪队友"　036
2. 学会适时"放手"，养成孩子的学习感知力　039

3 / 家长会引导，孩子学习的兴趣就能提高

1. 孩子对学习"三分钟热度"？三个步骤就能劣势变优势　045
2. 激发孩子对学习的好奇心，让孩子轻松爱上学习　050

第3章
保护孩子学习内驱力不受损伤的三种方法

1 / 时间管理和任务管理：教会孩子自律其实很简单

1. 抓大放小，轻松帮孩子养成学习的自觉性　056
2. 制定有效的时间安排表，帮孩子彻底摆脱学习拖拉　062
3. 把决定权交给孩子，孩子才会有学习的主动性　070

2 / 这样陪孩子写作业，不急不吼练就优雅从容的妈妈

1. 根治作业拖拉的秘诀：放松紧盯孩子的眼睛　077
2. 缓解孩子学习上的孤独感：用懂孩子的心爱孩子　085
3. 孩子学习疲沓？帮孩子跳出作业陷阱练就旺盛精力　087

3 / 作业、考试是压力还是动力？找准目标让压力变动力

1. 孩子做作业总是敷衍？关键要让他明白这一点　091
2. 考试是为了拿高分吗？从不会到会，培养孩子自信和独立　101

第 4 章

在孩子学习过程中，帮他全面提升学习内驱力

1 / 克服常见学习障碍，让孩子同时拥有学习能力和人生技能

1. 孩子学习上有畏难情绪？运用这三个步骤让孩子勇往直前　110
2. 孩子学习不自信？用这种方法帮孩子建立学习上的自信心　114
3. 孩子不能坚持？学学爬山的方法孩子就很愿意登顶　119
4. 孩子学习总偷懒？运用这种方法就能激发他的勤奋　125
5. 孩子不想吃苦？和善而坚定，培养孩子的承受力　127

2 / 稳定学习情绪，让孩子成为高效学习者

1. 孩子易烦躁？用这种方法帮孩子成为"淡定坚韧娃"　131
2. 孩子输不起？正确引导孩子情绪和行为，培养抗挫力　144
3. 没有奖励，孩子就没有动力？警惕！奖励的杀手作用！　147
4. 孩子总无理取闹？用游戏法帮孩子处理情绪，提高适应力　154

第 5 章

利用老师、同学等外部环境，让孩子的学习内驱力暴涨

1 / 让同学成为学习的良伴，帮助孩子发展思辨能力

1. 让孩子与同学来场 PK，享受母慈子孝和谐生活　162
2. 把同学当作一面镜子，培养孩子独立思考的能力　163

2 / 一个有教练功能的"同学",能让孩子随时随地沉浸在学习中

1. 好玩的互相分享能让孩子不知不觉地学习　177
2. 做孩子忠实的"粉丝",激发孩子进步以及学习的勇气　182
3. 家长这样做,就能成为孩子学习上的"增高垫"　188

▶ 第 6 章

那些"无用的学习",也能成为孩子学习内驱力的源泉

1 / 用零花钱创设"情景学习",让孩子对学习欲罢不能

1. 不奖励不惩罚,"零花钱"这个强大的工具能让孩子学会规划人生　196
2. "千金散去还复来",不只是培养了数学能力　209

2 / 家务活,在动手的过程中让孩子的学习能力全面提升

1. 做家务是浪费时间?培养孩子逻辑能力的时机岂能错过　215
2. 家务活,让孩子在求助和合作中练就学习迁移能力　219
3. 动手完成家务活,帮孩子深植"我能行!"的意识　224

3 / 游戏是最有效的学习方式,让孩子学习放松两不误

1. 游戏是玩也是学,让孩子更懂享受当下　232
2. 用游戏的方式来学习,轻松培养孩子的创造力　238

第7章
给孩子一个终极目标，让他成为自然型学习者

1 / 家长这样做，就能轻松培养孩子的责任心

1. 担心孩子走弯路？有机会犯错误的孩子才能找到自己的路　　242
2. 放手不是放弃，懂得以退为进，孩子越养越省心　　244

2 / "我跟着你学习"，家长会示弱，孩子有力量

1. 允许犯错误，培养孩子犯错误的勇气　　247
2. 学会向孩子请教，让孩子成为善于反思的"老师"　　254

3 / "帝王将相宁有种乎？"让孩子在升级打怪中成为王者

1. 有梦想的人最了不起，帮孩子从小树立人生目标　　259
2. 学会分阶段目标法，助力孩子成为最好的自己　　263

后记　　267

第 1 章

每个学习能力出色的孩子，都是点燃了学习内驱力

无论是奖励还是惩罚，都是外部的操控机制。家长或者教师用这样的方式去要求孩子学习，往往不过是迫使孩子做出"学习"这个动作，让成人心安。然而有句谚语说："你可以将牛牵到河边，却无法强迫它喝水。"再强硬的手段，再有诱惑力的奖励，不过看似有效地让成人看到了孩子"学习"的样子，却无法让孩子真正地热爱学习，把学习当成生活的一部分。

然而，往往只有认可学习，把学习当成生活必需品的孩子，才能不断地在长期的学习生活中获得学习乐趣，孜孜不倦地学下去，并且把学习的能力迁移到未来的工作场景中。会学习的人往往也具备着强大的工作能力和生存、发展能力。

也许，能力相较于"学习"这个动作来说，才是家长和教师们真正需要关注的部分。

1 具有自主学习的习惯，是学习能力出色的孩子的共性

1. 家长和老师的终极目标，就是培养孩子的学习内驱力

我常常给家长们做这样一个专题讲座："您想培养什么样的孩子？"

这个问题家长们似乎很容易回答，但真的去思考，又如同咀嚼一个千斤重的橄榄，有无穷的意味。有很多家长在小的时候曾经被自己父母强迫学习、过高要求，从而"压力山大"，失去学习兴趣。他们曾暗暗发誓：等我长大了，一定不会这样对待孩子！然而又有多少当年发过誓的孩子成为家长后，变成了自己发誓不要做的家长！

是什么让这些家长背弃了当年的"诺言"？又是什么让这些本是孩子"同盟军"的家长变成了孩子的"敌军"？

是因为这些家长在长大之后，确实理解了"人生不易"？还是因为在长大过程中丢失了自己曾经"懂得"的感受？

当"有一种冷叫你妈觉得你冷"的调侃，变成"老师凶你都是为你好"的信念的时候，家长们已经失去了理解孩子的最基本的敏感度。

有一天，我收到一位家长的问题："我的孩子做一页口算题要5分钟，字写得马马虎虎，让他改他还不肯。"

接着，家长发来一页孩子的作业。

我看了看，一年级的孩子，数字写得不似字帖那么工整，倒也清晰明了。于是我问家长："你期望孩子做到什么样？"

家长毫不犹豫地回答："快，准，写得好！"

这个期望过分吗？不，家长们都觉得太正常不过了。

但是一个七岁左右的孩子，刚刚从幼儿园基本不握笔的状态进入小学阶段，开始学写字，他需要让自己的手开始听话去熟练握笔、运笔，把字写到合适的位置——如果家长关于"写得好"的标准，是如同字帖一样精准的话，那么把字写到这个程度，并非易事；同时孩子需要调用自己的眼睛，去熟悉和实物不同的抽象的数字，并且要理解运算法则，把另外一个数字写下来；此外，孩子还有速度的压力。要求一个仅在小学里待了一个学期的孩子，一下子做到这三点，不仅勉为其难，恐怕在这样高压的外驱力下，孩子只会退缩，只会厌恶学习，更何谈自主学习呢？

新时代的家长，对"尊重"二字并不陌生，大家也常常谈到尊重孩子。那么什么是尊重孩子？尊重孩子包括尊重孩子的年龄特点，也包括尊重孩子的能力。未经相当的训练而要求孩子具备相应的能力，其实并非尊重孩子的做法。

那么一定会有家长问：难道这个期望就不能有吗？难道这样小小的期望都不可行吗？当然可行。

那要看家长会付出什么样的努力和精力去训练孩子，以达到这样的状态。

比如说，希望孩子做到准，那么每天大约要做多少道口算题，花多长时间让孩子不断地熟练，提升他对数字的敏感度，使他对一位数的运算了然于胸——这些家长可以规划并执行起来。

说到快，可以在"准"的基础上，让孩子在有限的时间内不断提高速度，同样需要家长来设计并执行，如一天做多少次练习，每次练习多长时间，每次的效果评估以及第二天的训练计划调整等。

最后，如果要求孩子数字写得好，家长可以先设立"好"的标准，同样有训练计划及评估，那么把写数字练好就是可行的事。

当这三部分都练习之后，再来看成效，此时家长才有可能把期望变成现实。

由上可见，只提希望不付诸行动的是一类家长，懂孩子发展特点又能帮助孩子的又是一类家长。您觉得哪一类家长能培养出有学习内驱力的孩子呢？

说到这里，也许您会说，一个小小的口算都要这么复杂，每一个能力都要这样训练，那么家长岂不都要围着孩子转？

这是非常好的思考，所以作为家长，要把孩子培养成什么样，要培养孩子的什么能力或者技能，是首先要考虑的问题。要找准自己培养孩子的目标和方向，否则家长会被各种渠道来的各种培养孩子能力的信息支使得团团转，疲于奔命而无所得。

如何找到培养孩子的方向和目标？在讲座和课堂中，我往往会问家长这样一个问题：

"您期望您的孩子在成年之后具备什么样的优良品质和人生技能？"

通常家长们都会给出这样的一些关键词：

家长们的这些美好期望,可有哪一项是学习成绩?可有哪一项是获得某个比赛的名次?

没有,家长一开始最期望的都是培养孩子的能力,而这些能力,都是在孩子内驱力的影响下不断形成的。只是家长在孩子成长的过程中,比对了别人家的孩子,有了竞争的焦虑,就迫切地要求孩子马上产出些成绩来,好让自己的焦虑有处安放。于是把根本给抛弃了,而家长还往往不能知觉,只顾着朝偏离的方向走,于是期望和结果就背离了。

我强烈建议,家长们每次要求孩子做什么事情,碰到阻碍或者不愿意做的时候,先停下来,思考一下,你想达到的终极目标是什么,想要培养孩子的能力是什么,现在要求孩子的事情怎么做才是向着目标前进,怎么做才能培养出孩子的能力。

并且家长特别需要关注的一点就是:如果只想纠正孩子的行

为，而不顾及孩子的感受，那么往往会适得其反。

孩子的行为通常由感受来决定。

孩子有好的感受就会有好的行为；反过来说，孩子感受糟糕时，不会做出好的行为来。

家长思考题

1. 你最希望培养孩子的什么能力？
2. 你用过什么方法，效果怎么样？

2. 懂得自主学习，家长省心，老师放心，孩子优异

常常有家长问这样的问题："孩子要不要超前学习？提前教的话，孩子是不是更容易懂得自主学习？为什么有些孩子提前教了，反而会厌学？"

想要搞清楚这些问题，可以从"教什么"和"怎么教"两个角度来讨论。

如果仅是为了应付将来的学业或者考试拿个好成绩，那么提前学也许是一种更大的麻烦。我不止一次遇到过父母提前教的孩子，特别是幼小衔接的孩子，家长提前教了拼音和算术，照着一年级课本教的，结果孩子上了一年级之后，发现老师讲的跟之前学的内容一样，"这些我都懂了！"孩子在正式开始学习的时候会产生这样的心理，对上课没有太多兴趣，等到新内容出现的时候，他已经形成了"上课不必认真听，我都懂"的想法，结果新内

容没有掌握，反而落下了。

也有些孩子因为父母抓得紧，提前给了太多太重的功课和压力，要提前掌握下学期的内容，掌握了，还要精益求精，狠抓学习质量，但来来去去都是课本的内容，枯燥和厌烦情绪就产生了，厌学成为自然的事情。

我们常说学习内容的设计，新旧内容的最优配比是15∶85，尽量不以同样的方式给孩子教授重复的内容。那么孩子要不要提前教？

其实孩子生下来，成人就一直在教他各种各样的知识和生活的常识，孩子在上小学之前已经在生活中学会了相当的技能。而学科、人文的知识当然也是可以教授的内容，这完全不影响孩子的学习进程。

我女儿简小妮在三岁之前，所获得的知识和技能都来自玩和兴趣，并因此获得了信心和力量，我常常带她出差或者旅行，她也学会了许多的知识和技能。

两岁多的时候，她认识数字1～20，不是我和她面对面坐在小凳子上教的。基本是在外出乘坐电梯的过程中，由她负责按到达楼层的方式学会的。我们牵着手在陌生城市的夕阳下散步时，她能一口气从1数到30，仅仅是因为地上散落的当地产的小果子。就在那一次，我发现在每个10开头帮一下忙，她能数到60然后耐心用尽，于是我们一家三口继续散步。

因为沈石溪的动物绘本一直跟随我们的旅途，我们读了上百遍，于是孩子每次直接拿起一本："念这本《灰夫妻》吧！"或者是其他书名，她坐在我身边，等我念了一遍书名之后，她用小食指一个一个字地指认，"沈石溪著"必然是一字也不差；绘者每本不同，等我念完绘者名字后，她便指着后面的字念道："绘"；最让我惊讶的是那套儿童情绪管理图画书，"［新西兰］特蕾西·莫洛尼/文、图"那么长一串她一字不漏地清楚说完。然后我会毫不掩饰内心喜悦地亲她数次，等她"咯咯"满足地笑完后开始读正文。仅此而已，除了发现，我从不主动给她添加多一点点所谓的高要求。

从她两个月大开始，我便和她玩闪卡。对她来说，那便是玩具，与其他色彩斑斓的小公仔无二；对我来说，不过多了一样与她沟通和互动的工具。直到她上幼儿园，读闪卡从来不是任务，也无须按时按点进行。无聊时我们读一遍，或者在我工作期间，她需要我的关注，于是大家一起读一遍，然后她继续玩积木，我继续工作。有趣的是，有一次我大约还停留在工作状态，心不在焉地读了句"太阳带来阳光"，她便纠正我："太阳带来光明"，于是我猛地清醒过来，诧异她的记忆力的同时，认真地跟她玩耍。

她能记住长长的童谣，不过愿不愿在人前卖弄便是她自己的决定。更多的时候，我们仅仅是在适合的时候享受那些应景的诗句。在旅行途中，她阿公要出发去三峡，我们便一同诵读"朝辞白帝彩云间，千里江陵一日还"。在清晨发现一地湿漉的时候念念"巴山夜雨涨秋池"。电影《巴山夜雨》里的那首插曲《我是一颗蒲公英的种子》倒是她的最爱，于是蒲公英也是她喜欢的小伙伴。而在苍山下的那个月夜，走在长长的古城道上，念着"月光光，照地堂，虾女你快训落床"，我们为她特意修改过的版本倒是引起阿公无限的回忆，小家伙只是沉浸在她能把歌谣从头到尾念完的快乐里。

在瞻仰聂耳墓的时候，我为她介绍在这里长眠的便是《国歌》的作者。然后和她一起低声唱起国歌，在肃穆的氛围里，她一定能体会到缅怀的含义，《国歌》对她来说便多了一层立体的理解。

其实在孩子上学之前，我教了她许多的东西，天文地理、人文百科，但当涉猎，无所不至，百无禁忌，只要遇上了都会去翻了来看，在心里埋下一颗"来日再见"的小种子。但也仅限于埋种子而已，不急于看它发芽，更不急于收获，孩子漫漫的成长之路，不过刚刚开始。

我不禁想到一个故事，说的是三个小和尚，名字分别叫本、静、安。在一个寒冷的冬天，老和尚给了他们每人一颗古老的莲花种子。

本立即把莲子种在雪地里，想要第一个种出来，结果莲子没有发芽；静读了书，找了名贵的花土和养料，把莲子种在金贵的花盘里，罩在盖子里，种子发芽了，但是因为没有阳光和氧气，几天就死了；安呢，只是把种子收好，等到春天来的时候种在池塘里，夏天满荷塘清香。

对于有常识的家长们，在听这个故事的时候，是不是都在嘲笑本和静的愚钝？然而，在培养孩子自主学习能力的这件事上，我们又做了多少这样不合时令、一厢情愿的事呢？

诚然，在生活中，很多时候，培养能力的问题并不如种花择时令那么显而易见。哪怕现在看来是显而易见的诸如各种花卉的生长时令的常识，也是人们在长期的摸索和实践中积累起来的。现在通过学习前人的经验，普通人种植花卉变得简单而有成效。

那么教育孩子这件极为重要的工作呢，也许家长们更需要学习相关的知识，去了解孩子的年龄特点，了解培养孩子适宜的

"时令"。

因为对于花卉的种植，可以作为个人兴趣加以选择，对于种植的技能高低可以不加苛求；然而教育孩子这件事，对于家长来说无法选择，不可因为不是兴趣爱好而放弃。

说到教的方式，最重要的还是家长放松心态，只管耕耘，不问结果，耕耘的时节有了足够的付出，收获的时节自然就有收获。

我在年轻的时候，但凡出行，都会做详细的旅游攻略，大体不过用最短的时间去最多的地方，用最划算的价格完成整个行程。

有了女儿之后，我们的攻略便以适度为主，随时可以放弃既定的参观地点，走到哪儿，看什么，关乎孩子的状态与整体的心情体力需要。

记得在鼓浪屿去日光岩的路上，她睡着了，于是我和她爸爸便坐在树荫下，慢慢闲聊，看着街上人来人往，享受这额外的清闲。

在去看柳宗元（柳柳州）那尊高高的塑像的路上，她又睡着了，等她醒来，水上巴士已经快靠站了，不过"水上巴士"已经成为她词汇库里的一员。

在青岛的奥帆中心，我们仅仅在5D影院里和小海龟们享受了一场奇妙之旅而已，因为有海风吹来，有咸咸的海水味道，当波涛起伏的时候，小家伙紧紧地抓住我的手，然后从自己的座位上爬过来，舒服地坐在我身上，一起感受小海龟浮出海面的愉悦。当她常常蹦出"小海龟"几个字的时候，我知道那些感受都留在她的记忆里了。

在东方明珠塔，那个依旧享受婴儿票的小小娃，隔着大玻璃板俯视221米以下的大地，大约她没有觉出特别之处，只是如常玩耍。倒是在塔下的上海城市历史发展陈列馆，许多地方都引起她的兴趣，每到一个场景必让我细细讲解。在这小小的年纪，人文历史似乎给孩子更多的熟悉的安全感。

在遵义纪念馆，那个小娃当是被四渡赤水那组逼真的战斗场景震撼到了，在呼喊冲锋的战士雕塑群前站了足有十五分钟。而她便是我当时参观的对象。

在贵阳的黔灵山公园，叔公们爬山去了，在微寒细雨中，穿过三岭湾人行隧道，第一次感受幽长而空旷的隧洞里的回声，于是在放声的呼喊中，小家伙自己蹦蹦跳跳地走完了一公里长的隧道。

在赤水当年的指挥部，长辈们站在青石板的街面上，面对那些保留了原貌的铺子感慨过往的岁月，小家伙独独对落在地上的三角梅钟情，而后把我们一路编织好的小垫打扮成了梦中的花园。

在峨眉酒店外的小花坛里，为了那几小星的野红莓、小蚂蚁，她足足玩了一小时之久。然而，她却从不摘采树叶、花果，通常用小小的食指小心翼翼地碰一碰，嘴里和它们说着话；或是轻轻地伸手在小蚂蚁的面前，让小蚂蚁爬上来，或是小蚂蚁四散奔逃的时候，小手不停地在前面拦截："快上来呀，快上来呀。"于是大人们便也在四周看看聊聊，直到她玩够了，方才启程。

正是有了这样宽松的"教育"环境，她常常有许多好学的念头，后来不管在书里、课堂上听到什么学到什么，都会来跟我分享，跟我说她曾经在哪里见过，或者类比出来，她新学到的知识便有了落点,依附于她已有的阅历和生活经验,慢慢地形成了她的知识框架。

所谓自主学习,不过是让孩子在生活中习得学习的习惯,让他有宽广的学习的胸怀和广阔的学习视野,自然形成学习思维,同时在生活中锚定学习常识,把学习培养成习惯。

家长思考题

1. 你曾经在生活中教过孩子什么知识?
2. 你有过什么样的提前教的经验?
3. 现在你对培养孩子自主学习能力有了什么新想法?

2 培养孩子学习内驱力,父母要坚持两个原则

1. 自主学习是快乐学习的结果

曾几何时,"快乐学习"在教育发展这出大戏里,剧情几经反转。从前,教育一向被认为是严肃枯燥的事,必定伴随着戒尺与板正,人们都认定没有"十年寒窗读书苦",哪来的"一朝成名天下扬"。

当教育更为普及之后,人们对教育的研究越来越深入,发现对于更多孩童来说,在贪玩的年龄入学,被要求腰背挺直,双手互抱双臂,双脚平直落地,长久坐立,更兼以被灌输各种晦涩难懂的知识,密度之大、跨度之长,美其名曰学习,造成许多厌学情形之后,又提出了"快乐学习"。要给学生减负、降压,提倡素质教育,学习西方的教学模式,降低课程难度,旨在让学习成为一件快乐、容易的事情。

慢慢地,又有许多的声音,提出西方"快乐学习"的都是贫穷人家的孩子,越是精英阶层,越是富裕家庭,学习的压力越大,功课的负担越重。从而得出结论:学习就没有容易的事,快乐学习不存在。

那么,"快乐学习"真的不存在吗?或者在什么情形下可以存在?这里面有几个认识的误区,辨识清楚,问题就迎刃而解了。

(1)快乐学习不是只要快乐而不要学习

当下的减负降压,如果立足于把孩子从繁重的课业里解脱出来这个角度来说,是很适当的,避免为了所谓的高分做没有必要的简单重复,或者盲目地要求孩子完全不出错。要知道完全掌握不意味着满分,考试满分也不意味着完全掌握,所以对小学的学习不应以成绩为学习能力的判断标准。

减负之后的时间,不意味着不学习,德、智、体、美、劳无一不是素质教育的内容,所以减负不意味着让孩子无所事事,不意味着什么都不学。

(2)快乐学习不是简化学习,但学习可以变得容易并且快乐

快乐学习不意味着把学习内容做简单删除,或者减少。

在现在这个互联时代,学习其实是很容易的,学习的资料也足够丰富,学习手段和形式相当多样化。很多学习内容在二十年前是艰深的,学起来费时费力,和现在相比,获取学习资料要花费更多的时间和精力,学习过程也需要更多的毅力去克服困难,并不适合大多数人。

现在借助于音频、视频等多媒体教学方式,随时随地,学习资料唾手可得,学习变得更容易,更简便,因此掌握知识和技能变成一件更轻松愉快的事。所以善用学习资源,而不是简单地砍掉学习内容,学习依然可以快乐而有深度。

(3)学习需要坚持,但不一定是艰苦的

成人在给孩子们举坚持不懈的例子的时候,往往会提到古今中外一些名家的刻苦:居里夫人提炼镭,处理了几十吨矿石残渣，终于得到0.1克镭盐；司马迁受了腐刑之后，忍辱进取，"幽而发愤"，他含冤蒙垢数十年，写出了"通古今之变，成一家之言"的《史记》；王羲之长期不懈地练字吃墨，终成一代书圣。这些都让孩子感受到了坚持=艰苦。

其实"子非鱼，安知鱼之乐"，人们常常看到他们苦学苦做，而不一定知道他们在其中的乐趣。

居里夫人半生清贫，命运坎坷，幼年丧母，中年失夫，晚年始终被流言和疾病折磨，世人都觉得在这样的情况下，去做研究是苦上加苦。殊不知，作为科学家，居里夫人以完成她的研究为人生追求，有这个目标的指引，她全心投入去做这件事的时候，反而生活的苦难变得可以忍受，去做这项世人认为的艰难工作倒成了她生活中的支撑和精神慰藉。

司马迁在蒙冤之前，《史记》撰写顺利，受到牵连本是不期之祸，若没有继续完成《史记》的坚定信念和伟大使命，他很可能选择死亡而不是受辱。于他，《史记》的撰写是他受辱之后生存的目标，坚持完成《史记》是他余生的唯一追求。

王羲之小的时候是一个呆头呆脑的孩子，每天都带着自己心爱的小鹅游游逛逛。之后他虽每天练字，却被老师卫夫人称作是死字，他很是苦恼，为此潜心琢磨。在小鹅的启发下，他在书房写成了金光灿灿的"之"字，虽误将馒头蘸墨汁吃到了嘴里，这种琢磨后醍醐灌顶，如打通任督二脉的畅快淋漓是让人持久追求的愉悦，远比一时享乐的快感要有力量得多。

可见，认真专注于某件事情，获得的愉悦更持久，更能支持和鼓励人进行更困难的任务，而在专注的过程中也会有无穷的乐趣在。

2. 学习成绩出色是自主学习的额外奖赏

学习到底是为了什么?很多孩子是不知道的,很多家长也没有想清楚,当然也无法指导孩子。

著名数学家陶哲轩在文章 Learn and relearn your field 中讲到如何学习和巩固自己的科研领域。学习不只是弄明白当前的知识,更重要的是如何把知识融入自己的知识体系里,如何把眼前所学作为更深入研究的垫脚石。

家长为了孩子的学习成绩总是很焦虑:

"我自己都不专业,怎么教孩子呢?"

"我得学到什么程度,才能教孩子呢?"

家长作为成人,阅历和生活经验教孩子是足够的。家长不必让自己成为教师,不必以教师的身份教课堂的内容,家长做家长的事就可以了。

我有两个教孩子写作文的例子,在教的过程中,我想我有些用语并非专业教学用语,但是我生活化的"教学"正好契合我的家长身份,孩子不会因为重复的"教师"腔感到厌倦,还会获得课堂中老师没有涉及的知识。

很多时候,孩子需要的是"野蛮"成长,而不是精准规则。

(1) 背书和写作

有一次,上二年级的简小妮生病了,待在家里背《桃花源记》,这篇文章似乎没有那么好背,相较两天就背下《岳阳楼记》的畅快,她总觉得脑袋瓜滞住了,"我一定是发烧把脑袋瓜给烧坏了"。

为这话,我们笑了半天,然后开始画图来帮助记忆,现在画图背古诗文跟小时候的纯粹记忆有区别了,多了写作的分析。

"我们先来看陶渊明他写《桃花源记》是有一条线的,顺着这条线,我们很容易就游览了桃花源。渔人是沿溪到桃花林,林尽头到山口,进入桃花源中,见到其中的村人,聊天,住几天,出桃花源,去太守处。分出一段来写刘子骥,看刘子骥走的方向,南辕北辙,就找不到啦。"——当然文中没有提到南辕北辙,不过是为了好记,画了图罢了。

我把这个过程画了一条线:"这就是写作线,就是我们通常说的开始、中间、结尾。但是发展线不等于流水线,也就是不能只到了哪儿,又到了哪儿,又到了哪儿。"

"这里面还有点,然后把点扩成了面。你觉得哪里是点?"

"这里,忽逢桃花林,夹岸数百步,中无杂树,芳草鲜美,落英缤纷,渔人甚异之,复前行,欲穷其林。"她点了点。

"对,看,他把桃花林描述了一番,就是把桃花林这个点钉住,然后拓出了一个面来,也就是平时老师说的场景描写。"

"我们再找下一个点。"

我们讨论了渔人在桃花源中看到的场景的描写的面,这个面又如何延展成了一个立体的存在。

最后,她总结道:"就像一根线串珍珠,把这些点都连起来,中间又有一个大牌牌(挂坠),这样一篇文章就写好了。"

哈哈,对啊对啊,比喻相当形象,难道这就是被她自称"发烧烧坏的脑袋"想出来的?

瞧,背书可以不止是背书,背着背着我们就做了一次写作训练,还是借助作者的名篇来进行的。

（2）写作其实是表达我们的思想

今天老师布置的家庭作业是：

将课文《蜘蛛开店》进行续写，分析蜘蛛开店失败的原因是什么，他会有哪些改进的方法，后来他怎么样了。

孩子发愁了，呆坐着放空自己。

我想要不要帮点小忙呢，于是说："写作文之前要先打个腹稿，想好自己打算写什么，有框架比较好写。这篇文章的框架基本在题目要求里有了，把这三个问题回答了，作文也就写完了。"

她不得要领地看着我，对，对，我刚才没说人话，至少没说小学生听懂的话，我得再来一遍。

"你看看原文，蜘蛛开店，它第一次卖的是口罩，一元钱一个，卖给谁了？"

"河马。"

"发生了什么事？"

"累坏了。"

"为什么？"

"河马嘴太大，口罩要织很大。"

"对啊，第二次卖围巾，还是一元，卖给谁了？发生什么事了？原因是什么？"

"长颈鹿，累坏了，因为围巾要织很长。"

"那第三次呢，卖袜子，还是一元，顾客是谁？"

"蜈蚣，脚太多了，42只脚。"

"现在看看问题在哪里？"

"呃……"她沉默了。

我想这应该已经超出了孩子的认知范围，特别是没有经商经验的家庭培养的孩子，去理解这个问题，有一定的困难。

"来，我们看，有些作文是以事情的发生、发展、高潮、结束为线的；有些作文可以不是一条线，它可以是一个框架，就在一个点上站住，来讨论解决方案。"我顺手在白板上画了讨论的思路。

"来，现在看看，河马的特点是嘴大，它的口罩需要织很大，同样的价钱卖个大口罩太吃亏了。如果口罩不卖给河马，卖给蜈蚣呢？情况有什么不同？"

"哦，蜈蚣嘴小，不用织那么大。"

"嗯，按这个思路，围巾卖给河马如何？它脖子短……"

"对，袜子可以卖给长颈鹿，它的脚小而且只有四只。"她抢着说。

"看来你有想法了，那你觉得蜘蛛之前开店，失败在哪里？"

"没找对卖的对象！"

哈哈，这个归纳的能力相当可以！

"嗯，这是我们可以思考的一个方向了，我们再进一步，卖给河马围巾，卖给长颈鹿袜子，卖给蜈蚣口罩是我们假设的，如果河马就是要买口罩，长颈鹿就是要买围巾，蜈蚣就是要买袜子呢？蜘蛛怎么处理比较好呢？"

"呃……"

"之前的定价是不是都是一元，不论大小？"

"对。"

"那我们现在按一个标准单位来定价，比如，给个样品，这么大就是一元，比照一下，有多少个样品那么大就收多少元；一只小袜子就收一元，42只收多少元？"

"42元，那么多！可以！"哈哈，数学也用上了，工作积极性也来了。

"这是第二种解决方案了，我们再来想想有没有其他可能？"

"我觉得蜘蛛要织这么多东西，碰到网上的虫子早就跑了。"她发散了一下。

"哎，你这个思路有启发，我们看看蜘蛛织网的目的是什么。"

"捉虫子。"

"有没有可能蜘蛛就把网织得特别厚，能捉特别多的虫子，那能干吗呢？它吃不完了……"

"我知道了！开个餐厅！"她有了灵感。

"好！虫子餐厅，那谁会来光顾呢？都有什么动物吃虫子，先说说蚊子吧。"

于是我们发现，鱼类、蝌蚪、水蚤也就是蜻蜓幼虫、青蛙、壁虎、蝙蝠、蜻蜓、燕子、麻雀都吃蚊子。

接着我们还发现了危险：如果燕子、麻雀来光临餐厅，餐厅有可能面临灭顶之灾。

她不断往下探究，"好了，照这样下去，我们得写长篇童话。"

于是我们又讨论了什么是长篇，什么是短篇，在连续的长文里，冲突如何设置。

我们开心地讨论了大半个小时，涉及销售、数学、生物、写作几个领域的知识，结果她只用二十分钟就把作文写完了。

回头一看，我分明是在给她上了一节营销管理课，有定位、有定价、有目标客户、有风险防范……

> **小学生写作文，要怎么写才好？**
>
> - 思想比技巧重要：有实践经验、有思考，才有深度，才有个人的立意。
> - 逻辑比词汇重要：搞清楚点线面，构建好结构骨架，这篇文章才能站如松。
> - 综合比单科重要：写作文不仅仅是写作文，作文是个人学识、阅历的缩影，不为完成作文而作文，借作文之机拓展孩子的视野，激发学习兴趣是重点。

由此可见，当孩子习惯于学习、擅长于学习，自主学习就是自然的事，而学习成绩好不过是额外的奖赏。

家长思考题

1. 你对快乐学习的看法和想法是什么？
2. 你曾经在什么领域让孩子快乐学习，你将如何运用这一经验？

第 2 章

了解孩子的学习内驱力，助力孩子成为学习高手

什么是学习内驱力？简单地说，是人自身需要的内部动机，每一个个体从出生开始，都会产生学习的需求，这种需求首先源自生存，其次源自发展。也就是说每个孩子生下来，都是迫切需要学习的，他的学习内在动机都是非常强烈的，学习是人的天性。

要诱发这个天性并长期保持，需要激发兴趣，利用好奇心，运用情境创设，诱发认知冲突，并且让孩子不断地有实践和体验的过程，去验证，去质疑，再去验证，再去质疑。有了这样的一个个循环，学习内驱力就是孩子成长的动力源泉。

家长还需要关注培养的方向，不断地提醒自己回到自然养育中。人类社会文明不断发展，人文学科研究越发深入，而在成人追求新知的同时，往往会忽略自然成长过程，从而破坏孩子成长的自然进程。所以在遇到困惑和挑战时，要不断地回到最自然的养育中去问问：孩子健康成长需要的是什么？

1 爱学习是孩子的天性，帮他轻松培植爱学习的"基因"

1. 家长这样做，让学习成为孩子生活的一部分

现在我想请你在脑海里浮现两个字"学习"，然后想象一下你的孩子在努力学习的样子，会是什么呢？会不会是坐姿端正地伏案奋笔疾书，时而凝神思索，时而含笑时而轻颦？又或者你会想到"头悬梁锥刺股"的劝学故事？

此刻，你对学习的感受和想法是什么？学习是艰苦的，必须要舍弃舒适甚至是身体健康才能进行？

如果家长对学习的认知，是一个刻板的印象，认为学习就是痛苦的，想要好好学习必须放弃快乐，那么成人在跟孩子沟通的时候，必然把这样的信息传递给了孩子。须知人性是趋利避害的，人人喜欢轻松愉快之事。对于最接近人性本质、未经世事的小孩子来说，如何能要求他违背人性，去喜欢"艰苦"的学习呢？

那么让孩子喜欢上学习，是求之无门了吗？

也许家长可以换一个角度思考，学习一定是需要艰苦地进行的吗？如果学习不是艰难痛苦的，那么是不是孩子自主学习就有了立足点？那么如何让孩子感到学习不是痛苦甚至是快乐的呢？

我常常采用在生活中随时开启学习模式的办法,让孩子的学习与生活融为一体。

记得在我女儿只有几个月大的时候,我就拿了三棱镜在阳光下摆弄,然后抱着她去看落在墙上的彩虹光斑,不时地把彩虹光斑落在她的衣服上,又或者让她伸了手,试试能不能把彩虹抓住。彼时的她,并不知道彩虹是三棱镜生出来的,也没有建立起三棱镜与彩虹光斑的逻辑关系,甚至视野都没有大到把起点和落点同时装在眼里,不过是用笨拙的小手拿着三棱镜颠来倒去,或是在彩虹光斑那头抓来抓去。

然而等她再大一点,她已经懂得用三棱镜去控制彩虹光斑的落点了。

到了小学的时候,因为有了三棱镜的概念,她常常在车里、阳光中、水汽里看到彩虹现象的时候去念叨"光的折射",这个高中的物理学概念的现象已经成为她的一种常识,为她进一步去学习理论知识做了常识铺垫。

记得她小时候很喜欢在草丛里玩,或观察小蚂蚁,或去找草丛里的小红果、小黄花。我常常站在旁边,等她慢慢地跟着小蚂蚁一路走走停停,有时拿了一片树叶去改变小蚂蚁的行军路线,有时又伸了手,让小蚂蚁爬在她的小肉手上,不时地跟小蚂蚁聊着天,指挥不听她话的小蚂蚁上上下下。

我不曾打断过她的玩耍,她沉浸在自己和小虫、小花、小草的世界里,学着如何与自然相处。我看着她,饶有兴趣,我在观察孩子的学习过程,去了解她能在自己构建的学习环境里徜徉到多远的地方,去确认她的专注力和持久力能到什么程度。

不打扰孩子的学习进程,是家长必修的一门课程。

记得简小妮四岁背第一首诗，完全是一个不经意的开始。我不过是觉得需要找一件事，多添一点亲子时光的乐趣，于是找了一首小诗，我和她躺在地上软软的毯子上，开始有一句没一句，你一下我一下地背起来。

好玩、轻松，彼此完全投入，不多时，小孩子竟然完全记下来了，重复了几遍，没有一点错漏。带着第一次完成的小激动，我也想把这样的见证记录下来，便让小孩子做了一个录音。

听到自己的声音，听到自己的小作品，她又对录音工具起了兴趣，于是第二天，我们又背了一首小诗，又做了录音。

就这样，慢慢地，有时一天一首，有时几天一首，有长有短，有五言有七言，有律诗有绝句，有唐诗宋词也有元曲，等到她上小学的时候便积累了100多首，她对古诗词的理解也不仅仅是记忆和背诵，对历史朝代有了概念，对作者风格有了体会，对诗歌的体裁有了认知，而这些积累，不过是在玩的过程中慢慢沉淀而来的。在上小学之前，她还没有体验过正襟危坐于桌边的"痛苦"学习，然而又无时无刻不在学习，不在积累。

很多时候，学习所获不在于学习的姿势如何，而在于学习的体验如何。感觉好才能做得好，不仅适用于情绪，更适用于学习。

积累到一定程度，便是量变引起质变的过程。因为养成了背诵的习惯，对诗词的音韵声律形成了自然反应，背诵变成了简单的事。在小学一年级的时候，我女儿就已经熟记了《木兰辞》《岳阳楼记》《桃花源记》等初中的古文，类似《长恨歌》一类的长诗，不过几天便自由背诵了。当背诵成为习惯，背诵于她便成了自然的事，音律的自然反应就成了省力的好帮手。

而这样的习惯养成,不过来自家长对待学习轻松自然的态度。

> **如何能轻松把学习变成孩子生活的一部分?**
> - 家长轻松对待学习,随时随地和孩子展开一个学习小主题。
> - 孩子的坚持,来自家长的坚持。和孩子一起做,是养成孩子学习习惯的好方法。
> - 随手帮助孩子做学习记录,见证孩子的学习成果,是激励孩子进一步学习的有效手段。

家长思考题

1. 你曾经有过什么样的培养孩子自主学习的经验?记录下来。
2. 你打算在哪一个学习主题上帮助孩子养成自主学习习惯,如何开始?

2. 发掘孩子的内驱力,让学习成为孩子的"必需品"

学习有什么用?

如果把这个长久以来一直被人们当成社会思潮,不断讨论的问题具体化，落实到每一个学科上，并且让孩子来感受，那么学习成为孩子生活的"必需品"是一件轻而易举的事。

曾经，有数学老师问过这样的问题：数学的作用是什么？

"数学是一种工具，它逻辑性强，能训练人们的思维能力；它注重方式方法，能让你的思维更敏锐；再者就是能帮助你解决一些实际问题。掌握数字规律，训练逻辑思维，数学是一门基础学科，除了语言学科以外，其他学科基本上都会运用到数学。"

这个描述在语言表达上已经相对友好，但是对于孩子来说，这样的解释与他的关系不大，听过或者看过就算了，并没有什么深刻的体会。

于是我们把问题换了一个问法：如果没有数学，你的生活会变成什么样？

"车来了，可是不知道要不要上！"为什么？因为没有了数学，数字作为数学最直接的载体，也没有了。没有了数字，不知道是几路车，当然也不知道它要去哪里，会不会去自己想去的地方，没法确定，当然也没法上车了。

"醒来了，不知道会不会迟到！"为什么？因为没有了数学，也就没有了时间，当然不知道会不会迟到。

"挑好了商品，可是付不了款！"为什么？因为没有了数学，没有了量度单位，无法表达价格，当然也无法购物了。

孩子想象着那个混乱的世界，笑了。

如果说这个不可能发生的情况，无法让孩子深刻体会的话，那么找一点让孩子直接感受不同的事情，让孩子体会体会。

曾经有一次，我和还在上一年级的简小妮一起制订暑假作业安排。数学作业总共有64页，需要在22天里完成，问她每天要做多少页。

一年级的她没有学过乘法和除法,只能靠数。

我先让她假设一天做两页,看22天过去能不能做完,她数了两分钟,说做不完,只能做完44页。

我又让她假设一天做三页,看22天能不能完成,她又花了两分钟,说做完了,可以做66页。

于是我告诉她,解决这个问题,她花了四分钟,而我可以只花两秒钟,她连忙问我,怎么算。

于是我把乘法和除法跟她说了一遍。

"妈妈,我什么时候学乘法?"孩子的学习兴趣被成功地激发出来了,因为她看到学习给生活带来的极大便利。

数学可以激发孩子的学习兴趣,语文也可以。

曾经简小妮不喜欢认字,她觉得很枯燥,所以常常问她什么字如何写的时候,她总是顺口推说,还没学呢,老师没教过。

有一次写作文,为了节约时间,我跟她约好,只管写,不会的字留空,写完之后再统一查字典,以免查字打断思路。

写作文,对她来说,不是难事,爱听爱说爱分享,所以一篇三百字的小作文,不到半小时就写完了。

我给她数了数,有二十六个字或者词没写,我给起了个名,叫"开天窗"。结果她花了半个多小时去查字典,填空,这半个多小时她极为烦躁,各种发脾气。

"写作文不是一件容易的事,难得你半小时就写完了,可惜的是,你花了比写作文更多的时间去查字。其实这些字都是常用字,有好些是你平时见过的,只是不熟练,如果平时能多留意,写的时候一口气完成,这半个多小时能完成更多的事情。"

从此，她很乐意每天用上学放学路上的时间，和我一起拆字，路边的广告牌，随便看到的一个字，联想到的相似字都成了拆字的内容。慢慢地，"天窗"越开越少，有一天放学，她兴奋地告诉我："妈妈，我今天一口气写完了，一个天窗也没开。"

体验学习的作用，让孩子更快地完成学习任务，能让孩子喜欢学习；而让孩子学到的本领有用武之地，则让孩子热爱学习。

在教学中，我们常常创设情景，进行情景教育，让孩子通过情景学习来体现价值感。

比如，我会和孩子讨论："在超市里，是不是越大包装的商品越便宜？"

答案是：不一定。

我曾经站在食用油货架前盘算半天，我的孩子问我在干吗。

我说："这是同一个牌子，同类型的油，容量不一样大，价格不一样，哪一个更便宜呢？"

于是我们设了一个基本量，用概算来进行比较，以100ml为例，算下来哪一个包装的100ml最便宜，就说明它的最划算。

之后，我们再去超市，核算单价的任务就由孩子来承担了，小核算员很是尽责。

后来，再发展到同类产品不同品牌的价格比较，为什么有贵有便宜？是成分不同，是功效不同，还是渠道不同，再或者是营销方式不同？这已经不是单纯的数学问题，包含了许多营销的思路在里面，这依然是学习，有了数学的基础知识和基本的运算能力，再加一点点社会学科的知识，有立即能操作的部分，又有新的内容可以了解，孩子就像渴望吸水的干海绵，不把自己吸得饱饱的，不会罢休。

到了这里小孩子已经有了点买手的感觉了。相对来讲这还是单纯的采购项目。再稍复杂一点的,家里要请客吃饭,就可以做相应的情景创设教学了。

如果要在餐馆里吃,给出孩子人均预算,参加人数,算出总费用来。再根据荤素搭配原则,结合这个餐馆的特色,以及通常按人数点菜的量,让孩子来尝试列菜单,试预算,做菜式增减调整。这里面除了数学知识,还有营养学知识,对当地民风特色的了解,以及他对客人喜好的了解及关注,养成他关注他人、了解他人、为他人着想的待客之道,这已经相当于一个综合项目的学习和管理了。

设若要在家里吃,除了和在餐馆里吃一样的相关考虑之外,还得关注自己的能力,有哪些菜式是自己拿手的,哪些菜式需要花多少功夫,另外添加了对时间和烹饪能力的考量,无一处不是学习,无一处不在锻炼孩子的能力。

如果孩子经历了这些学习和生活的体验,对自己能力的把控程度是要大大提升的;而他完成之后获得的"我能行"的信心,也让他对生活的热爱多添了几分;因为他完成的工作对家人或他人提供的价值,使他获得了信任和被需要的认可,他的责任心也成长起来了。

生活中还有许多场景,比如要举行一场家庭演出,请孩子写邀请函;参加义卖活动,让孩子负责绘制手工发票、收据、进出货记录表等,无一处不与学习相关,同时把课堂的学习以实践任务的方式加以内化,孩子当然愿意学,喜欢学。孩子主动学习,这就是学习的内驱力了。

家长思考题

1. 你还有哪些场景创设可以培养孩子的学习能力？
2. 你会在哪些场景创设中培养孩子的学习能力？可以列出来，并做实施计划。

3. 孩子不学习？大脑都不会答应！

虽然脑科学仍然在快速发展，但是到目前为止人类对孩子从出生至14岁大脑发育的研究成果，已经为我们了解孩子的学习能力及动力提供了相当丰富的信息。

芝加哥大学的神经生物学家彼得·胡滕洛赫尔对人类从婴儿到成人时神经元连接数目的变化做了大量研究。他使用高清晰度的显微镜，计算出人脑不同时期的神经元连接数目。得出的结果引人注目：

① 婴儿在出生时，大约有50万亿个神经元连接，这个数目相当于成年人的1/10。

② 孩子3岁时，神经元连接的数目大致是成人的2倍，大概是1000万亿。

③ 到了14岁，孩子的神经元连接数目和成人大致相当。

值得注意的是，婴儿在出生的时候，其神经元只有成年人的1/10，这个不难理解，因为刚出生的婴儿大脑没有发育完全。

而在3岁的时候，就已经超过成人，甚至达到成人神经元连接的两倍！

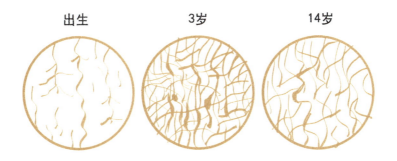

　　为什么一个婴儿拥有的神经元连接会超过他成年后最终所需要的数量呢？答案似乎是，只有有了大量丰富过剩的神经元连接，婴儿才能学会处理他所面临的新环境。在早期，婴儿的每次新体验都会导致他脑内神经元连接数目的增加，以及神经元密度的显著增大。当经验越来越丰富时，他的脑部就通过一次神经元筛选的过程来塑造自己。

　　这就是通常我们看到的小孩子什么都听、什么都看、什么都摸、什么都碰，他通常大量地接触外界，通过听觉、视觉、嗅觉、味觉、触觉将大量的外界刺激信息输入大脑中，去连接出生时拥有的数以千亿计的脑细胞，当它们连接起来（也就是形成树突）后，才可以传导信息。如果这些神经元没有被连接，是会渐渐消失的。

　　所以，大脑的生长，大部分原因是树突数量和密度增加的结果。树突在大脑中是负责接收信息的角色，从出生到4岁前，树突的密集程度明显加大，树突越多说明接受信息的能力越强，人也就越聪明。

　　可见孩子的学习能力是与生俱来的，不断地接受学习，不断地接受新体验的刺激是他生存的必要条件。

另外我们的大脑遵循"用进废退"原则,科学家发现当孩子有了新的经验,他们脑中的神经元会制造新的连接,这些连接并不会特别牢固,就像第一次在一片草地上走过,只有浅浅的痕迹留下。如果有很多次相同的经验,也就是在同一条路径多次经过之后,这条路就形成了,甚至形成了一条高速公路,那么人的行为模式也就形成了。

正如背诵,如果一个孩子经常背诵,就会越背越能背,背得快、背得多且并不那么费劲。原因是背诵给他的刺激会让相应的神经元的连接(树突)变得越来越牢固、越来越粗壮,这一条通路传递信息流的速度和反应也会越快,而且树突还有一个能力,它不仅能在多次的刺激中变得强壮,还能连接更多的神经元。

所以常常做某一方面的学习训练,能让孩子对这方面的知识和技能反应更快,记忆更牢。

"用进废退"原则同时带来了另一个结果,那些不经常使用的神经元(突触)会萎缩或死亡。通常是在进入青春期之后,人开始发展性生理,脑部经历一次大的重整,之前所建立的神经元连接,如果用不到或者是不常用的,就会被修剪、抛弃掉。

这就是为什么在14岁左右,孩子的脑部连接从3岁时是成人的两倍逐渐减少到与成人相当,其中某些经验被强化了,而某些曾经有的印记被消灭掉了。

那么孩子的哪些连接被留下,哪些被消灭了呢?

这跟每个家庭对孩子培养的侧重不同有关,包括投入时间、教育背景、家庭阅历和学习氛围相关,于是也培养了孩子不同的优势和能力。

家长思考题

1. 想想看,你在家庭里给孩子的哪些方面的学习刺激较多?
2. 在你给的学习刺激作用下,孩子具备了哪些方面的能力?

2 孩子学习没兴趣？快看看是不是你伤害了孩子的学习积极性

1. 家长，快看看你是否做了孩子学习方面的"猪队友"

关于孩子学习兴趣的培养，在关注孩子成长的家庭，已经做了很多的努力。但往往努力的方向都指向了"学习"，而忽略了"兴趣"。也有些家长把自己的兴趣当成了孩子的兴趣，对孩子的学习规定路线，将学习范围缩小到无可选择的程度，常常是去掉有趣部分，将最无味的部分留给孩子，就如同把饭嚼过了喂给孩子吃，营养、味道损失殆尽。

也有家长因为担心孩子的安全，过度保护，有一丁点风险的事情都禁止孩子涉足，于是孩子可以做的事情变得非常有限，可施展的范围变得极其狭小，如同让孩子在舞台上舞蹈，却严格地规定了每一个动作，每一个动作的标准，不允许有一丝的创造和个人发挥，把生气勃勃的演员变成了扯线木偶，孩子的学习兴趣被消磨殆尽。

也许，你见过这样的场景，一个蹒跚学步的小孩子蹩进厨房，因为他的奶奶或者妈妈正准备做饭，看到大人去舀米，他也伸了笨笨的小胖手在米缸里搅搅，看到大人在洗菜，他也到盆子里去捞一捞菜，拨一拨水。而通常结果就是大人一把抓住那只小胖手，气急败坏地喊："哎哟，我的小祖宗，快出去快出去，别在这添乱，玩你的玩具去！"

一般情况下，小孩子是会很执着的，他不知道什么是可以，什么是不可以，为什么可以，为什么不可以，此刻的他只有一个念头："我也来试试。"

大人的制止让他很郁闷，行为受阻，他或者跑开，或者哭闹不休，往往大人还会不停地解释："你现在还小，等你长大了，你再做。"

等到孩子再大一点，他帮忙摆桌子，拿碗筷，甚至于还会去帮端菜。大人眼疾手快，连忙在一旁接住："哎呀，别打翻了，我来我来。"

家长这一伸手，把一盘菜给保住了，而家长没有意识到的是，往往他这么一伸手，就把孩子"我能行"的自信给打碎了。

当家长说"别打翻了"的时候，其实在给孩子传递一个信息："你还小，你不行，你没有能力。"然而孩子学习和做事的兴趣和积极性恰恰来自"我可以，我能行，我会做"。

这可让家长相当困惑："可是孩子他确实做不了，他还不具备这样的能力，还要让他做，这怎么可能？"当家长这样想的时候，往往把孩子放到了成人的水平来考虑——孩子无法像大人一样完成这项工作。然而，成人担心的问题是什么呢？

（1）会浪费

孩子把米从米缸里舀出来，小胖手没有准头，一个不留神，米就会洒得到处都是；孩子去端菜，那一大盘菜，洗汰切烧，花了那么多功夫，如果不小心倒了，这一顿就白做了。

（2）添麻烦

米洒了要收拾，水洒了当然也得收拾，孩子洗菜和大人不一样，大人的目的是要把菜洗干净，重心在菜上，便有少量的水溅出来也是很容易收拾的，孩子"洗菜"，他的目的是"我想试试这是怎么回事"，他的重心在"试试"上，如果水比菜更有趣，那他就试水去了，或者试着试着，水就变成了他玩的花样，最后大人不仅要收拾地板，还得收拾这个湿透的小人儿，自然工作量增加了许多。

（3）不安全

其实大人们更多地担心孩子的安全问题："菜倒了就倒了，万一孩子把盘子摔碎了，被碎瓷碴子扎到，那事就大了。"

当成人觉得孩子的能力和要做的事情不匹配，他自然会禁止孩子去做他想做的。然而不经过练习，无从发展能力，能力又如何能与工作相匹配？

首先，成人要有一个概念，让小孩子参与到这些工作中来，目的当然不能是训练他此刻就具备和大人相当的能力，独立把这项工作从头到尾地完成。目的可以是借由大人正在做的事情，利用孩子天然的好奇心和学习兴趣，发展与他年龄相当的感觉和兴趣。

例如舀米，可以尝试握住孩子的手，让他体会舀的力度和方向，感受量具和米，手和量具之间的触感和声音。

其次，关于浪费和麻烦，我们可以把它认为是培养孩子必须支付的成本。把这次的参与当成一次付费的实践活动，我们常常带了孩子去参加有组织的烘焙活动、培植活动或者给孩子添置玩具，都是需要花费的，而且时间精力也付出不少，交通出行都是麻烦事。

现在可以把一撮米、一把豆、一棵菜、一盆水当成玩具,让孩子在自然的氛围去"浪费浪费"吧,其实花费相当有限,或者比参加活动要划算得多。

至于麻烦呢,可以做一些防护措施,铺张垫子,玩了以后再换衣服都是解决办法,说到底,多的这一点额外工夫不算事,需要的是家长的意识和想法的一点点改变。

最重要的是安全问题,如果孩子对安全没有概念,成人凭借自己的生活经验去判断安全与否是不困难的。那么是不是稍有一点危险的事情都不能干呢?

例如,盘子打碎,除去成本因素外,在有家长看护的情况下,也许会划到手,出点血,如果这是家长可以接受的伤害程度,放手让孩子一试,承担一点小风险是值得的。

借这个机会,家长还可以和孩子讨论什么是安全,什么是危险,什么场景下的危险如何处理,怎么做能够保证自己的最大安全。

风险无处不在,绝对的安全不存在,放手让孩子尝试,让孩子在学习中获得新的兴趣,保持不断求知的欲望。

2. 学会适时"放手",养成孩子的学习感知力

"哎呀呀,不要拿刀子呀,削到手可怎么好啊?!能干的你不干,偏要找麻烦,去去去,看书去,等我削好给你拿去。"

你可曾听过家里的老人跟孩子这么说?或者你自己是否也这么担心和劝阻过孩子?

那么你又可见过或听过,有家长抱怨:"我家那孩子,都那么大了,不管你有多忙,他就在那儿玩游戏,也不会来搭把手!"

或者是"我家孩子已经大学毕业了,从来不会主动做家务,怎么办?"

当家长问"怎么办"的时候,可曾想到,这个不干家务的"果"正是若干年前那些阻止的"因"结出来的呢?

那么在孩子小的时候,如何克服自己的担心,如何对危险的事放手,怎样培养孩子的个人感知力呢?

先读故事:请你帮我削猕猴桃

家里有3个猕猴桃,是从奶奶家拿回来的,这种猕猴桃特别好吃,不可多得。哥哥不在家,吃饭的时候说好了,爸爸、我和7岁的简小妮每人一个,简小妮很是期待。

吃完饭,我在准备课件,听得爸爸在外面指挥简小妮:

"没事干就过来叠衣服,我来削水果!"

"可是我今天的任务不是叠衣服,我去看看我今天的任务是什么。"

简小妮跑进来房间去看她白板上的家务清单。

为了避免冲突,我提醒说:"每个人都需要承担一点家里的工作。"

"好吧。"简小妮看了一眼白板又跑出去了。

接着我听到简小妮和爸爸几个回合的对话。

简小妮在顽强地表达:

"可是我还是想削水果,我想试试这把刀!"

"好!你要削你就削,你别削着手,削着手不许哭!"爸爸气恼地说。

过了一会儿,我听到厨房里的简小妮似乎有些烦躁地在嘟囔着什么,同时爸爸远远地在客厅里嚷嚷道:

"你不要削我的,我的我自己削!"

简小妮侧过头,看了看边喝水边观察的妈妈,略带哭腔地说:

"妈妈,你的你自己削吧,我削不好!"

我走近一看,操作台上七零八落的果皮,厚一块,薄一块,一个大猕猴桃变得不剩一半了。我连忙接过她手里的刀和严重变形的猕猴桃:

"没事没事,我自己削也可以。你不想削了?"

简小妮的眼泪大滴大滴地掉了下来:

"我削不好,你们都在取笑我!"

我正在享受削水果的乐趣,我从小就爱削水果,特别享受把水果皮削得长长的,打得薄薄的那种完美的感觉。

听到简小妮的话,我不由地顿了一下,深刻地反省起来:

"我在干吗呢?在潜意识中,我觉得自己又快又好,我嫌弃娃不会,这么贵的水果照娃的削法,得多浪费;而爸爸担心娃削到手,然后还得处理受伤的局面,多麻烦——可是麻烦的是我们两个成人,成人认知的劣势展露无遗,虽然我在控制,爸爸在保护,两者出发点各有不同,然而都在把娃往无能上赶!"

我猛地醒过来,连忙把刀和差不多削完了的猕猴桃放下,弯下腰搂着简小妮的脖子,头抵着她的头:

"对不起,我本来没想着要取笑你,我以为我在帮你,可是让你觉得被取笑了。我看到你已经削了一半,这一半的皮都从果肉上剥下来了,剩下的那一小半我帮你剥。我的那一个请你帮忙，好吗？我帮你一小点，你帮我一大点，我喜欢你帮我。"

说着，简小妮不哭了，她开始削第二个，此刻爸爸在客厅里发出了神一样的呐喊：

"我的那个也麻烦你帮我削吧。"

后来，爸爸不时走进厨房，手把手地教简小妮握刀的安全姿势和尝试用力的位置。

慢慢地，简小妮开始负责一项新的工作：削水果，而且技巧越来越好。

📖 故事分析与运用：培养孩子个人感知力

① 当简小妮想要削水果的时候，我没有反对，但也不阻止爸爸反对。这样就可以充分地去观察孩子的动手能力，以及在动手能力不足够，遭到反对的情况下，孩子的承受能力、解决问题的能力。

运用1：家长可以找一找生活类似的场景：孩子想做但你不想让孩子做的事，先思考一下，你想要什么？孩子想要什么？是不是绝对不能做？什么条件下是可以做的？

运用2：家长间的看法也许不会完全一致，尽量不在孩子面前争吵，可以观察其他家长的做法对孩子的影响是什么，孩子的反应是什么；自己的做法对孩子的影响是什么，孩子的反应是什么。然后家长互相再进行沟通。

② 我允许自己做得不完美，让自己有反思的机会，推己及人，不断地从错误中学习，让孩子看到自己的改变。

运用：很多家长常常担心自己做得不对，给孩子造成不好的后果。其实孩子不是需要一个完美的权威，他更需要一个示范，一个不断成长、不断修正错误的示范。

家长去找一找自己可能犯错误的场景，以及你是如何对待自己错误的，对比一下故事，你打算以后如何对待错误，试一试新的方法。

③ 我在和简小妮沟通的过程中，用了鼓励而不是表扬。

什么是表扬？

如果妈妈说"其实你做得很好，已经很好了"甚至是"你太棒了，你做得真好！"用这样没有指向性的语言来夸赞，那么孩子有可能对自己产生怀疑，无法准确地判断自己的能力。

那什么是鼓励？

"我看到你已经削了一半，这一半的皮都从果肉上剥下来了"，这就是描述性的鼓励，让孩子看到他能做到什么，而且看到可以继续做的部分。在这个过程中孩子的能力是一点一点增强的，熟练程度也是一点一点增加的，自信心也是一点点树立起来的。当孩子体会了从不能到能，从不会到会的过程，他感知到自己的能力程度，他的信心自然就有了。

> 运用：家长尝试一下，在平时仅是用"真棒，太好了"来应对孩子的场景里，找一找孩子具体的行为和结果，用描述性的语言说出来给孩子听，看看孩子的反应并记录下来。

④ 提升家长认知的小贴士：学会放手。

所谓放手，就是让孩子做他做得不如你好，或者有一点危险性的事。

你需要:

- 忍受一定的担心:比如担心他削到手。

(最麻烦的就是包扎,如果家长做好可能需要包扎的心理准备,不妨让孩子一试。)

- 忍受一定的损耗:比如一个大桃子削完后约剩三分之一。

(注意:养孩子是需要成本的,这也是成长需要的成本,其实跟买玩具差不了多少。)

- 忍受一定的麻烦:比如时间过长,有些任务受影响。

(留白,留白,留白!一定要注意给孩子的生活中留白,如果把时间安排得过于紧凑,大人孩子都会焦虑。)

你的收获是:

- 一个乐于探索和学习的孩子。
- 一个对自己有信心的孩子。
- 一个对自己个人能力有强烈感知的孩子。

家长思考题

一个两岁左右的孩子在试着扣自己衣服上的纽扣,已经扣了10分钟了,还没扣好,开始烦躁地哭,你会怎么说、怎么做来鼓励孩子?

3

家长会引导,孩子学习的兴趣就能提高

1. 孩子对学习"三分钟热度"？三个步骤就能劣势变优势

"三分钟热度",在课堂上听得最多的就是家长感慨孩子的不够坚定,轻易放弃某个计划或者某项学习。

"我家的兴趣班基本都是孩子自己选的,看到别人学什么都喜欢,都想学,可是他都坚持不了,真的就是三分钟热度。"

"我家的孩子的兴趣很广泛,但都是浅尝辄止,这要怎么办才好?"

要解决这个问题,我们作为成人,首先要思考以下两个问题:

"三分钟热度"是不是真是不可取?

孩子自己选择的兴趣班真的是他的兴趣吗?

通常,"三分钟热度"会被当成贬义词,但是对于孩子来说,这未必是件坏事。

对于3~5岁的孩子来说,正是他学习兴趣相当浓厚的时候,对他来说,周围一切的事物都是新鲜有趣的,什么都想看看,摸摸,想去尝试。

这个时候，尽量多地提供各种尝试的机会，让孩子拓展眼界，在大量的学习接触中去寻找他真正的兴趣点。而此时只专注在一个事物上，会屏蔽他对其他事物的认知和探索。

所以，对于小孩子来说，这个不是断舍离的时机，此刻他还没有足够多的积累可以断舍离，这个时候多比少好。

对于小孩子来说，"三分钟热度"在某种程度上代表他的学习能力，通常学习能力强的孩子，学习兴趣会更广泛。

小孩子的另一个年龄特点，是时间概念尚未形成，还没有足够多的学习体验和沉淀，注意力转移比较快，同时他对自己的认知是不完全的，他还在寻找，对于什么是自己真正的兴趣，其实他也没有概念。

通常，家长带着孩子在上兴趣班的体验课时，孩子会判断自己喜不喜欢这个环境，喜不喜欢这个老师，以及课堂好不好玩，通过"喜欢、好玩"来决定要不要再来上这个课。所以说，小孩子在选择兴趣班的时候，不过是根据自己的认知，以及在当时好不好玩的一个判断来进行，与兴趣实在是相去甚远。

了解了孩子"三分钟热度"的特点，我们就利用这个特点来帮助孩子培养相关的能力。

（1）运用家长的技能，延续孩子的三分钟热度，辨别孩子真正的兴趣

在孩子比较小的时候，允许孩子多尝试，把兴趣班的费用当成必要的投入成本，让孩子在尝试的过程中感受和学习。

我记得简小妮在上幼儿园中班的时候，曾经主动要求报围棋兴趣班，因为她喜欢老师在体验课上的游戏。

结果第一次正式课之后,她就不愿意去了。——因为不好玩,老师讲围棋规则很无聊,她听不懂。

这真正是典型的"三分钟热度"了。

我的想法是:哪怕她现在就放弃,她依然收获了一次亲身感受:体验课和正式课有相当的不同。

不过,我没有因为她有这一点收获就满足了,我跟她聊兴趣班费用的问题,培养她投入和产出的概念。

四岁的孩子,对钱是没有太多概念的,对缴费的流程和要求也没有概念。

刚开始她说找老师要回来,后来她说要不回来就不要了。

很正常,四岁,对金额多少是没有概念的,一块和一千块,对她来说区别不大。

于是我拿她熟悉的东西比较,我跟她说,如果不上课也不把钱要回来,那么相当是把她喜欢的三套漂亮礼服或者三套芭比娃娃扔掉。

孩子对钱的金额多少没有概念,对她经常接触的物件是很熟悉的,而且有感情。

她一听,连忙喊:"不要扔掉!"

于是我给她提供了一个不仅不扔掉,还可以变成六套礼服或者芭比娃娃的方法,那就是她去上课,学会了回来教我,那么不但保住了三套漂亮礼服,还变出了另外三套来。

她觉得有道理,于是每周去认真上课,回来给我讲课。

其实,孩子在尝试不同兴趣班的过程中,收获不一定是兴趣班教授的知识,也包括如何对待兴趣班这件事情本身,在处理这些事情的过程中,孩子能从我们身上学会变通,学会体验喜欢或讨厌，学会解决问题，当然也学会让自己有机会去选择。

孩子因为家长的技能，延续了对某项学习任务的体验时间，有机会去真正辨别是否真的是自己的兴趣。

（2）科学发现孩子的能力，坚定正确的选择，把三分钟热度变成调节剂

孩子之所以在各项学习任务上表现出"三分钟热度"，一是孩子对自己的能力认知是相当有限的；二是家长对孩子的学习能力没有科学的了解，所以家长担心自己在让孩子坚持学习这件事上犯错误，为了避免承担替孩子做决定的责任，家长让孩子做选择，其实是放弃家长的责任。

我们常说，兴趣是最好的老师；那么对于孩子来说，兴趣来自哪里？兴趣往往来自能力。

同样接触一个新学科或者一门学习，能够很快理解和接受、看出门道的孩子会产生学习兴趣。

而能够理解和接受，就是学习能力。

每个孩子都是天才，但都是不同领域的天才。他们的学习能力各有不同，当然适合发展的方向也不同。

比如我测评过的孩子中，有些孩子逻辑思维能力和空间知觉能力很强的，那他适合下围棋或者编程；有些孩子排序能力很强，对听觉信息的处理能力很好，适合于学习外语；有些孩子常识、算术以及空间知觉能力比较好，适合于多阅读，在科学实验方面多发展。

每个孩子的能力结构和组合不同，家长需要帮助孩子科学地找到适合他的发展方向，帮助他们在众多的学习科目中有所侧重，这样才能事半功倍。

(3)运用"三分钟热度",帮助孩子尽快地脱离某些不良"学习"

在孩子成长的过程中,会接触到各类的学习"材料",包括各种的游戏。

简小妮曾经很喜欢手机游戏,也背着我偷偷玩过手机游戏。后来经过协商,她有了固定的玩游戏时长,她开始大大方方地玩游戏了。

正是因为她允许我看她玩的游戏,我发现她常玩一些"宫斗类"的小游戏。

当然这类游戏会在表达上令孩子浅薄化,在人际交往中让孩子"阴谋化"。

于是我挖掘了一些类似成语接龙、脑筋急转弯一类的游戏,还有一些以中国山水画为背景,以艺术文化为核心的通关游戏,去培养孩子的智力、审美能力。

孩子喜欢新鲜的学习材料,喜欢精美的画面,所以"三分钟热度"并不都是坏事,甚至能给家长帮很大的忙呢。

家长思考题

1. 观察您的孩子是否有"三分钟热度"的现象,具体表现是什么?
2. 您是如何引导孩子寻找到他真正的兴趣所在的?可以把自己的想法发送到微信公众号"晓航说",与作者互动。

2. 激发孩子对学习的好奇心，让孩子轻松爱上学习

简单重复的内容最易让人心生烦躁，只想尽快结束，哪里还有兴趣可言；同时对于学龄的孩子来说，没有任何新意的学习内容一再重复，会让他产生错觉，"这些我全会！"误以为所学的是全部，渐渐变成那只井底蛙。

在所学的内容里添一点新的知识，不断在孩子的面前打开认知的新窗户，让他看到世界之大，让他保持不断进阶的渴望和强烈的求知欲。

📖 先读故事：壶嘴的长度怎么量？

有一次，老师给二年级的孩子布置了数学实践作业，观察米和厘米，说出家里有米和厘米的地方和器物。

我们头脑风暴了一堆可测量的地方：床的高度和长度用米，桌子的长度、宽度和高度也用米，书的长度和宽度用厘米……

头两回还是新鲜的，把课本的知识和自己熟悉的环境结合在一起，平时已经熟视无睹的地方变成了教学环境和教具，新鲜呐！

为了复习，老师的作业多布置了两回，孩子认为太没挑战了，开始兴趣缺乏。

是时候要玩点新花样了。

横平竖直的太容易测量了，不是吗？那好吧，依然是常见的器皿，我们来量一量杯口的周长，量一量一片花瓣的周长，这已经升级到异型的长度测量。

那是不是所有异形的尺寸都可以通过借助工具的方式变成

直线来测量?

我指着桌上的壶,问孩子怎么测量壶嘴的长度。

孩子瞧了瞧手里的小绳子,把绳子按在壶口上,顺着壶嘴的弯,把壶嘴的长度比了下来。我又出了个问题,如果这个壶嘴里外形状不一样,要量壶嘴里的长度怎么办?

孩子疑惑地看看我,又看看手里的绳,于是,我跟她讲了文成公主进西藏前,唐太宗出题考使臣的故事:

"唐太宗给使臣们准备了一颗九曲明珠和一条丝带,让他们把柔软的丝带穿过九曲明珠,其他使臣抢着先试,可是想尽办法,也没能穿过去。这时松赞干布派的使臣噶尔·东赞发现了一只大蚂蚁,他灵机一动,用一条细细的丝线系在蚂蚁腰上,在九曲孔眼的一头抹上蜂蜜,然后把蚂蚁放在另一头,蚂蚁闻着蜂蜜的香味,就从这头爬到了那头,也就把丝线穿了过去,再把丝带系在丝线上,就可以把丝带穿过九曲明珠啦。"

孩子恍然大悟,原来工具不仅可以是没有生命的,也可以是有生命的。

正说着，孩子把桌子上粘的一颗饭粒拿来量了量，不到一厘米，于是我们讨论了毫米的概念，顺手我又拿了一颗米粒，对比了一下，米粒比饭粒小、短、硬。

为什么米粒比饭粒小、短、硬呢？

在煮的过程中米粒发生了什么样的变化？

于是我们讨论了物理变化和化学变化。

这时候，一根头发飘了下来，"正好，来量一量头发的粗细。"

"嗯？怎么量？连一毫米都不到。"

"对，像这样相对来说很细的物体，我们需要用到游标卡尺或者千分尺，这时候的量度单位要用到微米了。"

"那是什么样的？"

孩子的兴趣又来了。

📖 故事分析与运用：培养孩子的好奇心

从学校布置的简单作业，米和厘米的实践描述，可以让孩子把课堂上的知识和生活联系起来，体会到知识的用处。

而不同形状物体长度的测量，可以拓展孩子运用工具的能力，也能提升孩子动脑筋解决问题的能力，此时的动脑筋变得有的放矢。

同一物体不同形态的测量，拓宽了孩子对变化的认知，此时学习已经从数学测量跨越到了物理学领域。

更大或更小尺寸的测量问题，又在孩子的学习视野中打开了另一扇窗户，透过这个窗户，孩子能发现，前面有一个更广阔的世界值得去探索，有趣的生活与学习有千丝万缕的联系，叫人剥都剥不开。在肉眼可见的地方,可以动手尝试,在肉眼不可见的地方,可以有无限的想象空间。

　　运用:家长应多引导孩子并激发孩子对学习的好奇心。

我女儿从两个月大就拥有了三棱镜和昆虫盒。

她从会爬开始"学习"光的散射,时时看我用她的三棱镜在阳台摆彩虹,虽然此时她的视野还不足够,常常需要我抱着从光源点到落点。

3岁动手做万花筒,还是用了三棱镜,而此时她已经对三棱镜习以为常。

4岁自己开始动手做物理实验比如牛奶烟花、会魔法的吸铁石、会喝水的杯子、会分层的油和水,化学实验比如会吹气球的瓶子,等等。

5岁当了纺织小工人,自己拼装了织布机和纺线车,织了好长的围巾呢,当然少不了玩活字印刷和造纸术。

6岁做了天文实验,了解地球的公转和自转,当然也拥有一个属于她自己的AR地球仪,还有400倍的实验室显微镜和手机显微镜。

7岁玩老式放映机,了解电磁学和动画的形成,也玩达·芬奇的机械动力模型,玩人体科学实验,还有蓝晒工艺。

激发孩子的学习兴趣,其实家长不必全能,也无须成为百科全书,只需要多一点点留意自己曾经的学习经历在生活中的运用,把责备批评孩子的时间,变成和孩子一起玩的时间,自然孩子就跟着来了。

家长思考题

你和孩子做了哪些课本外的延伸学习?采取了什么样的方式?

第 3 章

保护孩子学习内驱力不受损伤的三种方法

保护孩子的学习内驱力,并非完全放任不管。做好时间、任务管理的目的是让孩子学会在规则的范围内享受自由,有规则的自由才是真正有保障的自由。在身心灵完全自由的状态下,学习的兴趣和积极性才能得到最大限度的激发。

要做到适当的管理,家长一是要了解孩子的年龄特点、个性特征,二是要了解在学习过程中共性及个性的问题,三是对学习任务秉持对孩子成长有益的做法。放弃为学习而学习、因要求而完成任务的本能做法,因为这些不假思索的做法都足以毁灭孩子的学习积极性。

所以,家长多一点了解孩子,掌握一定的家庭教育知识,提升家庭教育的意识,并掌握一定的家庭教育技能,相当有必要。

1 时间管理和任务管理：教会孩子自律其实很简单

1. 抓大放小，轻松帮孩子养成学习的自觉性

"怎么能让孩子自觉做功课？"

"孩子没有时间观念，总是要催，一直要监督，怎么才能让他主动学习？"

"每天都得监督，做完作业，从来不会主动去看一下其他书。"

家长常常带着这样的问题来到课堂。

家长期望着这样的一个模糊景象：

孩子一回到家，鞋一换，把手一洗，然后把书包打开，安静地坐在书桌前开始"过关斩将"，或下笔如有神，或含笑疾书。

等父母下班回到家的时候，孩子把整洁的作业本呈上："作业做完啦！"

多么轻松愉快、母慈子孝的画面。

或者完成了作业的孩子，会主动地去预习复习，一副孜孜不倦、埋头苦读、刻苦求学的样子，大人得有多欣慰啊。

这样的想象难道有错吗？

没有，都是良好的期望，家长良好的期望。

然而家长忽略了一点：这个写作业的执行者是孩子，孩子对"自觉"的认知和执行的能力往往和家长的期望不一致，这个实际情况我们称为"现实"。

家长如果把期望摆在很高的位置，且不去了解孩子的认知和能力，那中间就会产生差距，这个差距就是家长焦虑和压力的来源，而且差距越大，焦虑和压力就会越大。

那如何解决这个焦虑或者压力问题呢？那就是缩小差距。有两种办法可用来缩小差距：一是降低家长的期望，二是提升孩子的认知和技能，也就是改变现实。

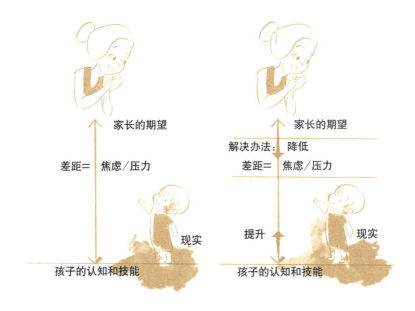

陶行知曾说：自动是自觉的行动，而不是自发的行动。自觉的行动，需要适当的培养而后可以实现。

所以这里其实有两个"培养"存在：

降低家长的期望,就是培养家长正确地看待问题的意识,真正地了解孩子的个性特点以及年龄特点,做好随时帮助孩子的准备。

第二个培养,是培养孩子自觉的行为,如果家长想要不经任何努力,抑或仅是用"说一说"的方式,就让孩子学会"自觉",那么就犹如期待孩子像小机器人一般,只需设定好程序,到时间即可自动运行一样荒谬。至少家长在期望"不劳而获",毕竟在家长期待的景象中,没有"培养"过程的存在。

我在和孩子一起讨论自觉安排的时候,常常会讲一个熟悉的故事:

有一位科学家,上课的时候,带来了一个大瓶子,还有一大堆的石头,放在讲台上,当学生们好奇地看着他把大石头挑出来,一一放进瓶子里,把瓶子都装满的时候,他问道:"瓶子装满了吗?"

学生们说:"满了。"

科学家挑了一些中等大小的石头,一边往瓶子里放,一边摇晃瓶子,结果这些石头慢慢地落到了大石头之间的空隙中。他又问:"瓶子装满了吗?"

学生们说:"满了。"

科学家挑了一些小的石头,一边往瓶子里放,一边摇晃瓶子,这些小石头落到了瓶里那些石头之间的空隙中。他又问:"瓶子装满了吗?"

学生们开始开始迟疑了。

科学家拿出一些沙子,倒进瓶子里,结果沙子填到了石头的缝隙间。

当我把故事讲到这里时，孩子明白了。

于是我来跟孩子一起分类：

大石头是必须要完成的任务，譬如：作业、吃饭、睡觉、洗澡、刷牙洗脸、上厕所、收拾书包等；

中石头是希望可以完成的事情，譬如：家长额外布置的作业、想看的书、兴趣班的作业、发呆等；

小石头是做不做都不会有影响的事，譬如：看电视、吃零食、玩游戏等。

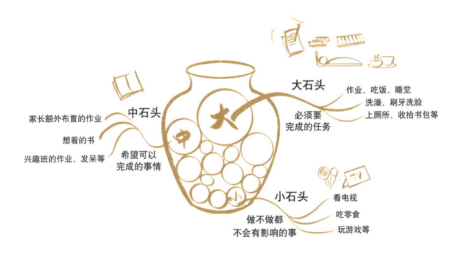

我把这个过程叫作"任务管理法"。

分类的过程其实是培养家长将自己的期望从云端放到实地的过程，具体清晰地了解孩子必须、想要、可以完成的事情，并在一起分类的过程中和孩子达成认知的一致，把自己的期望具象化。

当然，这个过程，也是培养孩子学会了解自己的任务，从而养成对自己的任务认知、决定和负责的过程。

分好类之后我们再来看看瓶子有多大（也就是可支配时间有多少），从什么时候开始、怎么装各类石头。

在课堂上，往往我会问问家长：

"你知道孩子这一晚上需要做的事情和时间是否足够吗？"

"应该够吧，也没有太多的事情。"

于是我请家长把他所了解的孩子这一晚上要做的事情一一列出，做一个时间计划表（这是任务管理法的第一步），再把每件事大约需要的时间估计出来，并且是从任务结束的时间点来倒推，所以我称之为"最后期限时间管理法"。

时间计划表	
睡觉	9:30
语文作业	30 分钟
数学作业	30 分钟
英语阅读	30 分钟
洗澡	20 分钟
刷牙	3 分钟
臭臭	10 分钟
收拾书包	5 分钟
玩	20 分钟
讲故事	20 分钟
吃晚饭	7 点开始

"哎呀，时间不够啊。"

往往写到最后，家长会发现一晚上的时间其实不够安排所列的事情，或者开始的时间太晚，以至于临睡前要赶落下的事情，最后总是一地鸡毛。

"原来从来都没有认真想过，时间是怎么安排的，总是觉得孩子不自觉。"

当家长亲身体验，实际去做这项练习的时候，才发现不是孩子不自觉，是家长自己就没有意识和规划，把不可能的任务用催的方式希望孩子完成，显然孩子永远也达不到家长的要求。

所以，现在我们就开始用"任务管理法"和"最后期限时间管理法"来培养孩子的自觉能力吧。

> **家长思考题**
>
> 你知道孩子有多少必须完成的任务（大石头），想要完成的任务（中石头），还有多少有时间就做、没时间就不做的事情（小石头）吗？和孩子一起讨论，列一列。
>
> 你知道孩子的瓶子能装多少石头吗？这意味着孩子的时间可以做多少事。找到你和孩子都想实施安排的一个时间段，把它当成一个瓶子，把已经列出的大、小任务需要的时间确定下来。从前一项结束的时间开始，依次安排列出的大小任务，看看时间是否足够完成全部任务，并做调整。

2. 制定有效的时间安排表，帮孩子彻底摆脱学习拖拉

说起时间计划表、时间安排表、日常惯例表，大多数家长都很熟悉——从小自己就制定过，现在有孩子了，也给他制定。

波波妈妈给孩子制定了时间安排表，开头一两天还行，可是没过几天，就做不到了，该玩的玩，该偷懒的偷懒，依然是拖拉。波波妈妈很无奈："计划制订了就没有用，反正也执行不了。我小时候也这样。"

其实计划不是没有用，是家长走入了制定时间安排表的误区。

（1）时间安排表制定误区

1）家长替孩子制定时间安排表

小雯妈妈是公司中层管理者，从前做生产计划助理，对做计划实在是太娴熟，各种图表工具用得是得心应手，相对于生产计划的复杂，孩子的时间安排表实在是简单得不值一提，三下五除二，小雯妈妈就出品了一张漂亮的时间安排表。

被漂亮的表格吸引的小雯把时间计划表贴在门上，执行了两天，新鲜劲过了，小雯对时间计划表失去了兴趣。

"我吃过的盐比你吃过的米都多，我走过的桥比你走过的路都多。"家长因为自己有了制订计划的经验，所以常常按自己的想法和要求给孩子制定时间计划表，而这样的时间计划表有许多想当然的成分。家长往往从成人的眼光和成人的能力角度去制订计划，认为孩子应该能完成，应该没问题，"因为那都是很简单的东西"，但家长忘记了此刻孩子的东西以成人的标准来说是简单的，而对于孩子本身来说，就如同成人面对自己的工作和生活，难度相当。

2）计划表安排得太过紧凑

时间计划表	
6:30—7:00	做作业
7:00—7:30	吃饭
7:30—8:30	做作业
8:30—8:50	英语打卡
8:50—9:10	练字
9:10—9:30	背诵打卡
9:30—9:40	收拾，睡觉

琪琪妈妈给孩子做的这份安排似乎很整齐，细细一看，简直紧张得让人喘不过气来。

由于家长从自己的角度出发，按照自己解决问题的速度来评估孩子完成任务的时间，所以往往把时间计划表安排得特别满，结果对孩子来说，任务是一项接一项，甚至是上一项还没完成就要进行下一项，孩子疲于奔命，中间如果延时太长，孩子往往产生放弃的心理："反正怎么赶都完成不了，那就随便吧。"

3）计划表安排欠合理：每个时间段压力过大

家长没有详细评估过孩子的学习能力，在每一个时间安排的任务过重，孩子在完成前一项任务后，已经耗尽精力，没有能力再完成下一项工作。

这一点，家长如果将自己的经历代入会感同身受：每年年初是不是都会给自己列新年愿望清单？信誓旦旦给自己立flags：今年一定要减肥。每天做20个仰卧起坐，每天跳操30分钟，每天……把运动做完之后,每天要看书50页;要输出一篇心得……

第一天发现,跳完操已经精疲力竭,实在没有力气再做仰卧起坐,更遑论看书与写字。

第二天孩子的事要多操心,结果连跳操的时间也没有了。

第三天没有时间……

第四天好累……

看到这,理解孩子了吗?

还有家长常常跟我说:"可是计划是孩子参与制订的,他也同意要做,可是就是没有做到。"

是的,孩子没做到,是因为家长又陷入了执行时间安排表的误区。

(2)时间安排表执行误区

1)家长把孩子想象成了机器人

在家长的下意识里,制定了计划表之后,孩子就应该按照制定好的计划表一项一项完成,那么这就叫作执行计划。

可是孩子并不是输入了执行程序的机器人,到了什么时间就能执行什么任务,家长大概没有这么一个清晰的概念,孩子是一个有能动性的个体,需要一个从不会到会、不熟练到熟练的过程。

著名教育学家陶行知曾经说过:

"生活、工作、学习倘使都能自动,则教育之收效定能事半功倍。所以我们特别注意自动力之培养,使它关注于全部的生活工作学习之中。自动是自觉的行动,而不是自发的行动。自觉的行动,需要适当的培养而后可以实现。"

这意味着孩子是可以自觉的,但是自觉不是生而有之,是需要一个训练过程的。

而家长期望制订好计划之后,孩子不经由成人的一番训练,就自动去执行,那实在是家长偷懒而不负责任的想法。

2)家长高估了孩子的能力

很多时候,孩子因为经验和阅历的问题,在参与制订计划的时候,并没有能力考虑他是否能完成,因为他对自己的完成能力没有能力进行评估。所以他同意了,或者就是参与了一个讨论,试试看,而家长抱定了让孩子为自己负责的心态,却完全不了解孩子尚未对自己有足够的了解,此时让孩子必须为自己负责,其实是不允许孩子犯错,不允许孩子尝试什么适合自己,什么不适合,也不允许孩子去探索自己的能力边界。

所以其实是家长更需要学习,学习个中道理,帮助自己走出误区,帮助孩子合理地制定和执行时间安排表。

(3)墨菲定律破解制定和执行时间安排表的误区

墨菲定律的原话是这样说的:If there are two or more ways to do something, and one of those ways can result in a catastrophe, then someone will do it.(如果有两种选择,其中一种将导致灾难,则必定有人会做出这种选择。)

简单说来,墨菲定律是:事情如果有变坏的可能,不管这种可能性有多小,它总会发生。

墨菲定律并不是一种强调人为错误的概率性定律,而是阐述了一种偶然中的必然性,举个例子:

你兜里装着一枚金币,生怕别人知道也生怕丢失,所以你每隔一段时间就会去用手摸兜,去查看金币是不是还在,于是你的规律性动作引起了小偷的注意,金币最终被小偷偷走了。即便没有被小偷偷走，那个总被你摸来摸去的兜最后终于被磨破了，金币掉了出去丢失了。

这就说明了越害怕发生的事情就越会发生的原因，为什么？就因为害怕发生，所以会非常在意，注意力越集中，就越容易犯错误。

根据"墨菲定律"，我们可以看到制订和执行计划的误区都被一一覆盖：

1）任何事都没有表面看起来那么简单

——家长总是觉得把计划制订好就一了百了，这个想法被证明是妄念；但是希望不通过学习制订计划的训练，就让孩子学会有条理，同样也是妄念。

2）所有的事都会比你预计的时间长

——制订计划时，觉得时间够用，可以做得到，事实证明，不留白的计划失败的概率太大。

3）会出错的事总会出错

——计划总不会完完全全地被执行，但是从回顾计划的过程中，我们学会更多随机应变的能力。

4）如果你担心某种情况发生，那么它就更有可能发生

——"我孩子肯定不会照计划完成的"，那么计划没完成的可能性很大。

墨菲定律告诉我们，容易犯错误是人类与生俱来的弱点，不论科技多发达，事故都会发生。而且我们解决问题的手段越高明，面临的麻烦就越严重。所以，我们在事前应该是尽可能想得周到、全面一些，如果真的发生不幸或者损失，就笑着应对吧，关键在于总结所犯的错误，并从错误中学习，把学到的用于修正

下一次的行动。

（4）用动态的墨菲定律管理时间惯例表，让时间安排表变成不断提升能力的工具

1）时间安排表的制定是一个开始，执行是一个阶段性的事情

很多时候，家长在和孩子制定时间安排表的时候，没有考虑时间安排表执行的周期以及回顾期，默认制定好的时间安排表长期执行并且没有调整时机的配置，这样的安排表通常有相同的命运：

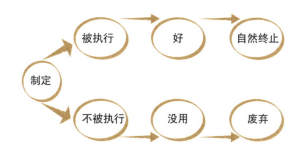

时间表被制定出来后，期望被执行。

如果被执行，便是好的，因为没有执行期，结果是自然终止或者不了了之，这就是家长嘴里说的"做过一段时间，后来就不做了"。

如果不被执行，便被家长认为无用，然后被废弃掉。

由此看来，这个安排表无论有否被执行过，给人的最后结果都是"没有继续下去"，可见计划表无用。

往往这样的时间安排表就变成了家长指责孩子的"罪证"。

实际上，一个有效的时间安排表应该有这样的一个制定与执行过程：

被制定出来的同时，约定好执行周期："我们先来执行一天（或者一周），看看会发生什么事？"

如果计划表在约定的时间段被执行，到了约定的时间点，家长和孩子共同来回顾计划得到执行的收获以及对计划的评估，做出保持或更新计划决定后再继续执行。

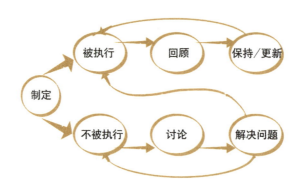

如果计划表在约定的时间段未被执行，那么在约定的时间点，家长和孩子共同来讨论计划未得到执行的原因并对问题进行解决，之后如果计划表得到执行，那么进入执行流程，如果未被执行，进入未执行流程。

这样，无论计划安排表是否被执行，都进入了一个有效的闭环中，在这个闭环，时间安排表作为一个工具，让孩子有机会不断地回顾自己的行为与结果的关系，不断地训练发现问题和解决问题的能力。

2）时间安排表允许调整，调整是不断成长的过程

实际上，一个时间安排表被制定出来的时候，它都作为新生事物存在，无论是家长还是孩子对这份时间安排表并没有特别

多的经验，所以要给自己一个尝试的机会，看看这个安排表被制定得是否适合。所以执行周期可以设置得稍短一些，"一天或一周"，在这样学习和练习的心态中，孩子是放松的，他的好奇心驱使他不断去尝试。

同时，在不同的学习阶段，例如学期内和假期，学习任务不同、作息时间不同，时间安排表要做调整；在不同的年龄段，学习能力和学习任务也不同。

我和简小妮，每个学期开始都会把她假期的安排表做一个总结回顾，看看一个假期下来，都在安排表里收获了什么。而新学期的安排表通常在开学后两至三天才完善，因为新学期的课表和上学、放学时间总是会有一些微调。

每一周结束都会把本周的安排表进行一个小调整，新的一周里可能兴趣班的时间有变动，或是有大型的课外作业，让简小妮对突发事件的时间调整越来越有把握，而在时间安排表中，留白的时间变得越来越有价值。

3）时间安排表是训练工作方法的工具，为孩子成长服务

时间安排表是让孩子学会规则的工具，同时也是让孩子不断训练灵活性的工具。

在生活中总有不在计划内的事情发生，比如老师临时安排了一个比赛，再如有小朋友的生日派对，或者某个节假日前的工作安排，通常这些事情都不在常规的时间安排表内。

我常常在非常规工作结束的时候和简小妮一起来回顾：

今天的作业时间和安排表上的不一样，是如何调整的，作业完成用时多长，调整后的完成速度和质量如何，从这个调整中学到了什么。

额外安排的事情用时多长,这样的事情未来在什么时候可能会发生,有什么准备工作可以在平时做好,有哪些物料可以备用而不占太多地方,不会造成浪费。

简小妮在这些回顾里增长了预见力和规划能力。

可见,时间安排表不是用来捆住孩子的绳索,关注制定的方法和执行的过程,可以让孩子在动态的生活中了解到生活有规则、有计划性,同时也有变化,而人的灵活性足以应对这样的变化。

3. 把决定权交给孩子,孩子才会有学习的主动性

常常有家长说:"我的孩子学习特别不主动,一定要对他要求才学,不会主动去多学多看。"

也有家长说:"我孩子从来不会主动多看一点,有时间就玩,给他布置一些额外的作业,他从来不做。"

其实这个主动和被动,在认知上成人与孩子并没有太多区别。

想想看,在公司里,什么人会主动工作,什么人会被动工作?

通常有选择权和决定权的人会主动,完全处于被安排状态的人会被动工作。

那么同一个人,什么情况下会主动工作,什么情况下会被动工作?仍然是有选择和决定权的时候会主动,完全处于被安排状态的时候会被动工作。

我曾经见过一个企业文化很好的企业,在每一个大型项目启动前,对新项目的实施方案采用全员参与,让员工们分组竞赛,特别让新人当组长去主持方案的策划。

他们的目标一是相当于开全体员工动员大会,让所有人对

项目有所认识，目标二是让新员工参与进来，还让他们做模拟带领工作，在新集体里找到归属感和价值感，当然也发现了新人的能力。

通过这样的一轮竞赛动员，全体员工的工作主动性就来了。

这是一个很好的案例，完全可以运用到鼓励孩子主动学习上，具体实施方法如下：

做法：让孩子参与决定他的学习任务。

我曾经和孩子一起头脑风暴，她平时需要完成的学习任务，例如：练字、阅读、练琴、作业、读英语绘本、背诵、玩（玩和学习一样，都是每天必需的工作）等，根据每天课外兴趣班的时间安排以及放学时间，决定当天要完成的项目有哪些，并把需要完成项标上数码，来确定完成的先后顺序。

因为孩子每天自己先对任务进行了一个排序，相当于进行了一个梳理，他知道自己要做什么，大概需要多长时间，那他去完成任务是以一种确定的心态进行的，主动性会比较强。

当然周六、日或者节假日的学习任务，可以依据自由时间的多少来添减。

如果家长在没有和孩子商量的情况下，仅是因为孩子作业完成得快，看不得孩子玩，而随机地布置额外的其他功课，孩子必定会表现出不配合。

想想成人在未被提前通知，刚完成当天的工作，正想舒一口气的时候，被老板要求加班的心情，大约就理解孩子的情绪了。所以，避免临时布置额外作业，提前和孩子制定好任务表，是一个培养孩子学习主动性的关键步骤。

不用督促的学习：
如何唤醒孩子的自主学习力

假日时间安排表

日期：　　　　　　　星期：　　　　　　　天气：

今天我会和昨天有点不一样，我会通过做下面的事来实现：

备选任务	当日选择（打"√"）	计划完成顺序（把今天选择的任务按你想完成的顺序编号）	实际完成需要时间（记录完成时间，例如：9:00—10:00）	完成情况（详细记录完成了多少内容）
练琴 4*25 分钟 +17 分钟				
听写单词				
词汇 6 页或听写				
随便玩（ ）分钟				
口算题 20 页				
当天作业				
阅读策略				
英语阅读 5 本				
和妈妈读英语				
随便玩（ ）分钟				
看一部知识小电影				
看书并写小书虫心得				
洗完澡做当天回顾				

今天的两个收获/感悟：

今天我想感激的一件事：

设计：简小妮及妈妈　　　　　　　　　　2019 年 12 月 20 日

家长实例

"你儿子现在真的变了!跟两年前完全判若两人。"

这已经是长笛老师第三次跟我抱怨了。

"你都不知道他以前多乖多听话多懂事,可是现在……"老师摇着头,叹了口气,走了。留下一脸尴尬的我,无语。

作为妈妈,我又何尝不知道儿子这两年的变化。准确地来说,我是眼睁睁地看着儿子"变坏"了。

长笛老师生气的原因,不用说我也知道,一定是老师让多练几遍时,儿子又问他"凭什么"了。在儿子眼里,已经学会了就没必要在课堂上练,否则就是浪费时间,要强化练习可以放在课后。儿子想要在课堂上多学习一些新知识。但老师总是一个曲子反复让他练习,希望他能把基础打扎实一些。而且这个问题我跟儿子已经沟通过好几次了,希望他尊重老师的安排。儿子的答复总是"凭什么?"只剩我一个人抓狂。

其实更让我抓狂的是近一年来,才十岁的儿子像提前进入了青春叛逆期,凡事都要问凭什么,而且似乎已经成了一个口头禅,看着他一脸的质问、不耐烦甚至抗议的表情,我内心几近崩溃。

比如:每次提醒他该做作业了,该睡觉了,该去洗澡了,或者是该运动了,该练长笛了,他都要问凭什么。有时候我会跟他好好讲道理,但是碰到事情多、心情不好的时候也懒得理他。基本上是靠"河东狮吼"或"威逼利诱",让他去做那些我认为应该做的事情。为此家里的气氛要么鸡飞狗跳，要么无比压抑。我真的很迷惑，也曾心平气和地问他：为什么一个曾经那么乖巧听话的孩子，现在却变得越大越不听话呢？儿子却反问我：凭什么孩子一定要听大人的话？凭什么大人不能听孩子说？凭什么孩子要尊重大人，大人却不能尊重孩子？每次都被他说得哑口无言，气得七窍生烟。

这不，今天因为先做作业还是先看电视的事情，我们两个又吵起来了。我理所当然地认为孩子应该先完成作业，然后再去休息或者娱乐。于是在儿子提出想要看电视的时候，我要求他先做完作业再去看电视。儿子照例生气地大喊："凭什么？我就想先看电视，再做作业，不行吗？"我一听更急了，说："就是不行，必须先完成作业！"儿子干脆不理我，坐在沙发上说："哼，我就要先看电视再做作业。"看着他那副理直气壮的样子，我不由得又火冒三丈，"如数家珍"地把他最近的一些在我眼里"不可理喻"的表现说出来，狠狠地批评了他一顿。儿子坐在那里用眼睛斜着看了我一眼，无可奈何地说："好吧，听你的。先做作业再看电视。不过我现在不舒服，要先休息一下。"说完倒在沙发上，闭上眼睛，不再理我。空气瞬间凝固起来。

这样的日子，这样的场景，我真的是受够了！为了结束这场无止境、无硝烟的战争，我逼自己深呼吸冷静下来，因为重复旧的做法只能得到旧的结果。我开始认真思考到底该怎么去"拯救"这个喜欢问凭什么的孩子，到底是孩子出了问题还是我自己的管理方法出了问题。

最后我在正面管教家长讲师指南上的"错误目的表"中找到了答案。首先我根据自己的感觉（生气、受到挑战、受到威胁和被击败）和孩子的回应（消极的对抗），找到了孩子行为背后的信念是：想要由自己来控制或者证明没有谁能指使我时，我才有归属感，并因此确认孩子的错误目的是寻求权利。

于是我准备跟儿子来一次开诚布公的"大人之间"的对话。当我跟儿子提到这是大人之间的对话时，儿子的眼神开始变得明亮了，瞬间来了兴趣。

首先我跟儿子道了歉，跟他说不应该一直把他当小孩子对待，实际上他已经"一不小心"长大了。

儿子听到我说一不小心的时候得意地笑了起来，气氛开始缓和了很多。

"既然你已经长大了，妈妈相信你有能力安排自己的事情了，应该不需要爸妈再像管小孩子一样管你了吧?"

儿子立刻把小腰板挺直了，立即回答说："是的。"

"那让妈妈看一下你打算如何安排自己的事情吧。"

我从书房拿了纸和笔递给他。儿子开始飞快地写起来：从早上几点起床，白天要做些什么，直到晚上几点睡觉，很快就写完了。

我惊讶并赞许地向他竖起了大拇指，儿子也得意地笑了。

然后我又仔细地看一看内容，提出了一些问题，在尊重他意愿的前提下进行了适当的调整，并设立了几个合理的限制。

经过了半个多小时，我俩终于合作完成了一份彼此都满意的日常惯例表。我感叹地说儿子果然长大了懂事了，并让他帮忙把它贴在客厅的小黑板上，然后约定从今天开始由它说了算。

儿子庆幸自己终于可以自己做主了,而我则暗自窃喜自己有了一把"尚方宝剑",结局皆大欢喜。接下来每当到了惯例表上该做什么而儿子不愿意做的时候,我都会指着小黑板提醒他。刚开始儿子不习惯,还会习惯性地问凭什么。我就开玩笑地拉着他去小黑板前,一本正经地说:"我也不知道,要不你问它呗。"儿子只能啊啊啊地叫着,无可奈何地按照表格安排去行事。碰到儿子看电视入迷了(按照他的意愿每天先看半小时电视再做作业),无视我的提醒时,我也不说话,只是平静地走过去把电视关了。儿子刚开始还会抗议,但听到我说"谢谢你遵守我们的约定"时,也就不好意思发脾气了。家里的氛围变得越来越和谐,我们母子之间的关系也越来越亲密。

(作者:谢保平)

家长思考题

1. 你碰到过什么事,是您想让孩子做,而他不想做的?
2. 你曾经用过什么方法让孩子做,孩子的反馈是什么?
3. 你现在打算用什么样的方式试一试?

② 这样陪孩子写作业，不急不吼练就优雅从容的妈妈

1. 根治作业拖拉的秘诀：放松紧盯孩子的眼睛

"明明是半小时就能写完的作业，我家孩子能写上两个小时。"

"我家孩子一写作业就很多花样，一会儿找笔，一会儿翻书包，一会儿吃水果，一会儿喝水，半天都写不完作业。"

……

几乎在每一次的课堂上，拖拉都是绕不开的话题，家长们为孩子的拖拉、磨蹭烦恼不已。

其实，这个问题不仅仅孩子才有，成人也存在。作为成人，这样的情形你是否见过或者亲身经历过：

打开电脑，准备开始工作了——"先逛一下淘宝吧，孩子的水杯要换了。"

结果从水杯逛到书包，从书包看到你的包包，然后是时尚女装……

当你清醒过来，两小时过去了——于是在无限懊悔中，开始赶工作，以至于加班。

今天无论如何，要开始看这本书了，说好的自我成长，一定要开始！

把书翻开两页后，眼睛余光看到手机屏幕一闪，下意识地拿起来看了一下，是信息，于是回复完这个，又看了看群消息，接着忍不住又翻了一下关注的公众号，再看了看朋友圈……

当你意识到应该已经过去很久的时候，一抬眼，已近深夜了，手中的书只好合起来，明天再看吧。

……

往往，成人的这种情况被称为"拖延症"，而孩子被称为"拖拉磨蹭"而已。

成人之所以有拖延症，很多是因为从小没有养成高效学习的好习惯，然而成年之后，也没有父母再监督了，所以很多人会买关于高效工作、时间管理方面的书，或者找高手学习时间管理，找社群借他人之力来督促自己自律，去完成更多的工作。

可见，自律与吃饭睡觉不一样，非本能反应，生来不自带，需要养成，而这种养成，需要父母的技能。

孩子做作业拖拉，恰恰是一个好机会，让父母有机会发挥这种技能，帮助孩子从他律到自律，避免孩子因为从小没有受过自律训练，长大后患上拖延症。

现在有许多家长会陪伴孩子写作业，本意是在帮助孩子更快更好地完成作业，然而，家长在陪伴的过程中常常有些不当行为，不仅没有帮助到孩子，反而成为孩子注意力涣散、作业拖拉的主要原因，因此家长需要留意以下几个误区：

误区一：随时指正孩子的错误

孩子做作业，家长在旁边盯着的时候，最常做的一件事，就是随时指出孩子的错误。这一本意是期望孩子能因此而节约订正作业时间的做法，往往却最浪费时间。

这道题确实做错了，他没有意识到，就已经进入了下一道题，正在写的时候被家长打断，指出错误，要求改正，其实是中止了他的思路，让他从正在做的题目中跳出来，进入上一个题目中。中止一个进程，进入另一个进程，再退出来，重新开始中止的进程，这中间会花费更多的时间，并且人脑不是电脑，不是只执行程序即可，人会因为中止正在进行的活动产生紧张和烦躁情绪，这些情绪也会影响学习时间和质量。

误区二：随时给孩子提出要求

"坐直了，写个字东歪西倒，站没站相，坐没坐相！"

"发什么呆，赶紧做。"

"把那字擦了重写，写太难看了！"

孩子在做作业的时候，有一个独立思考的过程，如果没有打扰，孩子往往可以有相对独立的一段时间，在自己的思维中遨游，这是知识不断内化的过程。这个时候，如果被家长随机打断，孩子的独立思考进程被中断，尚未打通的知识通路就会被阻隔。他的学习知识的体验不是畅快而愉悦的，而是掺杂了许多被责备的情绪的，他在做作业的过程中疲于应付各种可能的情况，哪里还能全副精力用于学习的内容上？

误区三：家长要求过高

常常有孩子面对要做的功课，久久不下笔，特别是写作、画画、手抄报一类有创作要求的作业。

这类作业需要思考是一个原因，其实更大的原因来自家长过于全面的要求。

"想起孩子刚学习写作文的时候,我和爸爸总是会纠孩子的字端正与否,姿势对不对,字词优不优美,被打击得太多了,孩子不敢开始了。"这是一位妈妈在听课的时候对这个问题的总结。

有句话说,"先完成再完美"。让孩子先做,做出一个初稿之后,再来讨论如何修改得更好。这往往会让孩子更放松——"我已经有了初步的成果了",完成的喜悦让孩子对自己有肯定,没有了"还没做完"的压力让孩子更专注,在这个基础上孩子更愿意精益求精,花更多的心思和精力去让自己的作品更完美。

那么前期的思考过程,其实可以和家长一起完成:

你打算写什么内容?开头会是什么样?中间发展的部分打算写什么?最后结尾是什么样?

你打算做的手抄报是什么主题?有几个部分组成?在什么地方插图?周围做什么样的装饰?

让孩子把打腹稿的过程外显化,让他学会一边思考一边动笔,让自己的灵感锚定在纸笔间,在描述的过程中不断优化表达。讨论过程结束,基本内容就出来了,经过多次这样的训练之后,孩子就会形成一个良好的思考习惯,下笔就快了。

关于作业拖拉,下面具体说两个小技能:

(1)事前准备要做好

如果孩子常有在作业过程中自我打断现象:或者翻书找字典,或者临时去削笔、找橡皮尺子等文具,或者不时上洗手间、喝水等,家长和孩子商量,请孩子列出来,都会有什么准备工作要做,可以列一个准备事项清单。

在作业开始前5分钟,请孩子先做好准备,并确认,在作业期间不再离开座位,不再做准备工作。

具体操作步骤:

① 和孩子一起头脑风暴:准备工作有哪些?

② 列准备工作清单(清单示范)。

③ 和孩子确定一次作业的持续时间(通常一至三年级可以是20分钟,四至六年级可以是25分钟)。

④ 记录当次作业孩子的完成量及当天作业需要多少个持续时间完成。

⑤ 作业完成,与孩子回顾当天作业过程的收获及可能需要调整的地方。

(2)会做与不会做的题目分开处理

常常有孩子在做作业的时候,因为有不会写的字去查字典,不会做的题去问一问,结果一查,查了半小时,顺便看了别的信息,或者一问问了半天,顺带聊点别的事,作业自然完成得很慢。

让孩子在作业前先浏览题目,把会做的题圈出来,先完成,不会做的题在最后统一完成。这样不仅帮助孩子提高作业完成效率,更有利于培养孩子审题习惯,高考答题能力提前get!

具体操作步骤:

① 和孩子一起看看当下要做的那一门功课,把会做的题圈出来。

② 用(1)中介绍的方法,在做的过程中不受任何方式的干扰,把会做的题完成。

③ 一起研究不会的题目,看看最快需要多少时间可以把不会的题完成。

④ 回顾不会做的题目，请孩子说说收获。

孩子拖拉，很大的原因是没有掌握高效学习的技能，没有机会体验高效完成作业的喜悦感受。家长的任务不是指挥孩子，而是帮助孩子获得高效完成作业的喜悦感。

老母亲通常都是很操心的，总想时刻关注孩子在做些什么，行为规范是否符合要求（自己所认为的正确操作）。尽管心里提醒自己不要去打扰孩子，但是大脑和身体却很不"听话"地往孩子那里凑。见到孩子有"不良动作"时，心里就窃喜，幸好监督了，不然就麻烦了。

然而，家长自认为很好的"监督"，对孩子来说其实是一种压力，更是一种打扰。

案例一　你好烦啊

姐姐即将上一年级了，听说一年级写字速度作用很大，即使知识点都掌握了，如果写字慢，作业完成就慢，这样对孩子的信心和积极性也会有所打击。而且，小学需要自己抄当天需要完成的作业，写字速度直接影响着抄写速度。于是，我就给女儿报了线上学写字的课。我想，能学会写字就不错了，写成什么样，不强求。

开始前几天，我坐在女儿背后看书，让她自己先看视频老师的示范和讲解，然后再自己动手写。我每隔两分钟就探过头去看看，看到字不在方格中间，要么偏得很左，要么偏得很右。忍不住就对她进行指点了，因为女儿是"顺毛驴"，说话得顺着。

我温柔地说:"这个大字写得还不错哦,很有力度,你看,老师的示范是在格子的中间,你的比较靠上。你觉得,如果我们的腰长在胸上面,这样的比例好看吗?"

"不好看。"女儿笑着摇摇头。

"嗯呢,这个字也是一样,有比例对称的,你试试把横往下写,让这个字居中一点,看看是不是好看一些?"

女儿认真地又写了一个,确实好看多了。

像这样的指点,我以为是不错的,很温柔啊,孩子也听得进去。如此过了几天。

到了第七天,我依然"监督指点"着女儿,在看到她把"反"字的第一撇写得很长,我忍不住说"你看……"话刚开口,她就不耐烦地大声说:"你好烦啊,老是在旁边说说!"

我一时语噎,无言以对,我承认我被她吓到了,没想到她的反应如此激烈,没想到我以为的善意指导让她感觉烦。

我深呼吸一口气,悻悻地问:"妈妈打扰到你了,是吗?"

女儿余气未消地说:"是啊,吵死了!"

我默默地走开,坐在书桌上,回想这几天自己的行为:女儿写字的时候,我站在旁边,像个"监工",笔画一歪,我就说她,字偏了也说,大了也说,小了也说。视频2分钟,写字几分钟,不到10分钟里,已经说了N次,确实挺多的。

当初自己只是想着她学会写字,不要求写得很好,真的开始以后,却有了这样那样的要求,坚持初心不容易啊。

被女儿那样说了以后,我决定不去看,背对着她,我也练习写字。

当自己拿起笔写的时候,真切体会到孩子的不容易。我写"丿",明明是想斜度小一点,但是笔不听使唤,撇尖儿就像小狗翘起的尾巴。很认真地写完后,以为会跟老师的示范差不多,一看,差得不是一点两点。

像我这样写了几十年字的人,尚且无法写好,何况刚开始学写字的孩子呢?

其实,这个线上写字课,虽是看视频,但是提交作业是有老师点评的。老师会指出孩子写得好的地方和可以改进的地方。既然其他孩子可以写得很好看,那么课程就有存在的道理,我的过度指点并不一定能给孩子带来帮助,倒不如放松自己紧盯孩子学习的眼睛,给她自由学习的空间。

案例二　你再教我一遍吧

疫情期间,线下英语课没办法开展,机构弄了线上的学习,是个跟读视频,孩子读得好才会进行下一句。

我陪女儿在房间,基于写字的经历,我选择闭嘴,拿了本书看。陪伴的过程,是一个家长自律的考验,必须要管住躁动想要指点的心。

有一句她卡住了,很佩服她坚持反复读,读了二十几次还在读,最后终于不耐烦了,把手机一扔(床上),"老是读不对,我不读了!才不要读呢!"她生气地说。

"嗯,这一句确实不好读。妈妈看到你一直坚持在跟着读,反复二十多次,很有耐心,这就是坚持。"我首先肯定了她的努力,"你需要我的帮助吗?"我问。

"嗯嗯。"女儿用既期盼又怀疑的眼神看着我。

当我流利地读出她被卡的句子时,她很惊讶,因为我很少读英语,而且这又是她反复读了二三十次都不被通过的句子,我读一遍系统就通过了。

"妈妈你再教我读一遍吧!"女儿有点崇拜地兴奋地拉着我的手。

在接下来的跟读中,在听到她多次读不准的时候,有时没读准系统也给过了,非常想按下暂停键帮她纠正,但是我忍住了。过度的帮助就是打扰啊!

家长总希望孩子按部就班、一步到位地学习,见到有一点错误或瑕疵就去纠正,殊不知犯错也是孩子学习的一部分。如果学习的过程都是直线的、顺顺利利的,不能体验曲线的兜兜转转,又如何能感受直线的美好呢?

放松时刻关注孩子的紧张神经,给孩子机会试错和留白,轻松愉快的学习氛围才是保持高效学习的关键。

(作者:廖海萍)

2. 缓解孩子学习上的孤独感:用懂孩子的心爱孩子

有一位姐姐来咨询我,她刚考上大学,代替父母来咨询上初中的弟弟常常玩手机的问题。

"每次写作业,让他交手机都很困难,他总是说为什么我们可以玩他不可以。我都跟他说了,大人和他不一样,有很多大人能做的事，他不能做，他现在就是要学习。我还给他举例，现在爸爸能喝酒，没有人会反对，可是他就不能吧；我还跟他举例，我现在就能登记结婚，他就不能。不能事事都跟大人比……"

姐姐一直在滔滔不绝地说着，我能想象出来，这是绝大多数家长"说服"孩子的最常见的情景。说的是否有道理？是的，相当有道理，也相当正确；然而，对于解决孩子的问题来说，有效吗？显然，无效。

在家长"摆事实、讲道理"的过程中，讲的人愈讲愈觉得自己言之凿凿，无一不正确。然而讲的人往往都忽略了，听的人想要的是什么。如果讲的人没有发现听的人内心真正的需求，只管表达自己的想法，最终只是说服了自己，感动了自己。

在学习这件事情上，学习者是有压力的。学习新的内容，内化的过程相对来说是需要花费精力的，花费精力的事情总不是轻而易举能够完成的，需要承担一定的压力。这是一个需要毅力和耐力的过程。这个过程很漫长，而且远没有玩手机那么轻松。可以说这是一段孤独的旅途，因为内化的过程往往需要独自完成。

孤独并不令人愉快，特别是对于孩子来说还处在需要大人陪伴、在不断模仿大人行为的阶段，特别渴望人类的声音。此时，让他一个人去面对艰难而又有压力的学习，同时大人们不是在看电视就是在玩手机，于是孩子不仅要有面对困难任务的毅力，还要有抵抗轻松玩耍的诱惑，这其实是双重的压力。

成人如果能够理解孩子学习的孤独感，放下所谓"正确的道理"，和孩子一起学习，这对孩子来说，是最大的心理支持。

在《中国诗词大会》第二季总决赛获得冠军的武亦姝，小小年纪诗词量高达2000首,被大家称为"才女""别人家的孩子"。她之所以长成了"别人家的孩子",大约也是因为她的父母是"别人家的父母"。

武亦姝的父亲是一位知名律师,平时的工作还是很忙的。可是,为了给孩子一个良好的教育环境,武亦姝的父亲每天下班后,就关掉手机,和武亦姝一起学习,读书。在父亲以身作则的引导下,武亦姝更爱学习了,学习时专注力更高了,也更有效率了。

家长陪伴,不意味着盯着孩子学习,或者除了看着孩子什么也不干。孩子在学习,家长可以看看自己的书,做自己的笔记,形成一个良好的学习氛围,彼此陪伴又相对独处,让孩子习惯于独立思考,在自己的精神王国中深度遨游。

3. 孩子学习疲沓?帮孩子跳出作业陷阱练就旺盛精力

常常有家长跟我说:"我都跟孩子说了,做完作业再玩,你好好做完作业,玩的时间就多了,可是孩子就是会一边做一边玩。"

也有孩子跟我说:"我要等我妈回来再做作业,我要是做得快,完成得早,她还得给我布置新的作业。"

家长还有这样的苦恼,"作业倒是完成得挺快的,可是错的也多,我帮他再一检查,再一纠正,睡觉时间就到了,每次作业都搞得很晚。"

让孩子做完作业再玩,这是个简单要求,对父母来讲,是再自然不过的道理,不过这个"简单"要求过于简单,忽略了做作业过程可能有的问题，也忽略了孩子的能力阶段。如果家长除了这个简单要求之外，不再对孩子有实质性的帮助，那么很有可能失去帮助孩子训练学习能力的更好的机会。

学龄孩子的注意力持续时间长短，与年龄相关。如果对孩子简单地要求："把作业做完了再玩！"其实是忽略了作业的多少及可能花费的时间，以及这个时间与孩子的注意力持续时间是否匹配。

中国科学院行为科学重点实验室与中国科学院心理研究所2019年在学前教育研究杂志第2期发表的《4~6岁幼儿持续性注意的发展：基于时间进程的证据》指出：教育者应该根据受教育对象的注意力发展特点，对不同年龄的幼儿进行不同的引导，必要的时候可以对该年龄段的幼儿进行分组教学。同时还指出幼儿反应速度、知觉敏感性和正确率都随着年龄增长而提高，但是抗干扰能力却没有随着年龄增长提高，所以要尽量排除环境中可能对幼儿出现的干扰，保护好幼儿持续注意力的发展。

通俗来说，如果这个作业需要持续的时间超过孩子注意力的持续时间，那么让孩子"做完作业再玩"这个简单要求是比较难实现的。

那么可以采取什么方式保持孩子的注意力以及不断提升孩子的注意力持续时间呢？

用"儿童番茄钟"分段训练法，也就是 $N \times 2$ 的时间训练法，其中N代表孩子的年龄，如果孩子是6岁，那么一个学习时间段就是12分钟；如果孩子是7岁，那么一个学习时间段就是14分钟，以此类推，一个学习时间段最长时间不超过25分钟，即一个成人的番茄钟时间。

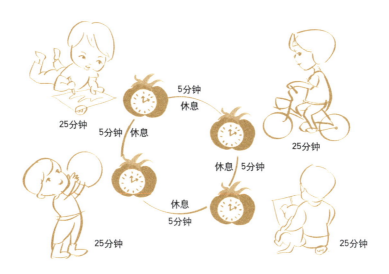

让孩子在一个自己适用的番茄钟内专注认真地学习,往往是可以实现的,每一个番茄钟结束,可以休息3~5分钟,然后再来进行下一个番茄钟的学习。这样的学习既让孩子在规定的时间内体会深入专注学习的愉悦感,也能体会到一定时间内完成一定学习任务的成就感,同时训练了即时进入专注状态的能力。

通常,在开始学习之前,和孩子一起来确定学习任务,让孩子有完成学习任务的目标感是很重要的,这也是孩子的安全感所在。而家长在孩子完成既定学习任务之后,随机增加学习量的做法,无疑会对孩子的学习积极性造成打击,甚至让孩子感觉到这是一种惩罚:"做得快是无意义的,做得快还会有更多的额外功课要布置。"

所以家长要对孩子的学习情况进行全面的了解,一个学期很漫长,需要有张有弛,不必每天都绷得特别紧,今天的功课就这么多,完成了,可以适当地放松。如果通过一段时间的观察,家长觉得孩子学有余力,需要更多的任务,可以提前做好规划,和孩子一起讨论,共同执行新的学习任务表,而不是随机添加新任务。

另一种情况是孩子的学习能力相对不足,也许完成得快,但是错题较多,掌握的知识不够扎实,那么家长需要给孩子更多的时间去订正、消化和吸收,学习任务要相对减轻,也就是要适当"留白",让孩子在训练的过程中看到自己的进步,树立"我越来越强"的信心,这个比完成了多少内容更重要。

家长思考题

1. 在陪伴孩子写作业的时候,你会采取什么新措施,会放弃哪些做法?
2. 你对如何陪伴孩子有什么新想法,准备如何做?
3. 试一试儿童番茄钟,并观察孩子的变化,记录下来。

3 作业、考试是压力还是动力？找准目标让压力变动力

1. 孩子做作业总是敷衍？关键要让他明白这一点

大部分家长是相当看重孩子的学习和考试成绩的，当然平时会落实到孩子的作业上。

"作业做完了没有？"

这句话大概是学龄父母对孩子最常说的话了。

关注作业，家长们备受煎熬，因为孩子在做作业的过程中有许多的困难，家长们在帮助孩子克服这些困难的过程中，耐心遭受空前的挑战。

家长总是觉得孩子面对作业时，应当如探囊取物、一挥而就般轻松，孩子只需坐在桌边，动动手，作业便可如行云流水般一挥而就。

"他就是慢，磨蹭，一个字要写很久。"

往往这个时候我会邀请家长们想一想在工作、生活中自己遇到的比较困难的常规事。

例如，很讨厌写报告或是总结，不到要提交的最后一分钟似乎实在难以完成，哪怕自己知道需要完成，也无数次下定决心，

明白早完成早轻松,然而最后的结果似乎都一样:必定会拖到不得已的时候才能完成。

常常,想要学习的课程拖了很久还没有开始,每每拿起书来的时候,总是想着先放松一下,结果一放松,这个学习的时间就过去了,课程慢慢就放下了。

那么在这里,这些报告、总结、想学的课程就是家长的作业。家长面对自己的作业时,心里是怎么想的?

难?烦?无从下手?等一下来得及?

那么孩子面对自己的作业的时候,是否有同样的苦恼或想法?

我特别理解孩子的苦恼和感受是在我写这本书的时候,就在此刻,我在烦恼如何组织语言,如何把一个主题说清楚,如何让家长理解其中的一些要点又不至于过于啰唆,很多想法涌来,要逐一理清,重新组织,又要上下文呼应。我常常会想要放弃,先去玩一会儿,先去做一点别的事。

也许你会说,那不一样,写书是难事,做作业多简单哪。

为什么家长会觉得孩子做作业应该很容易?

因为家长以自己现在的经验、学识水平去评估孩子的作业,以超出作业要求能力的高度去看待作业,当然容易。正如有相当经验或者一个非常擅长的专家去做家长的作业一样,他也会觉得很容易。

那么如同理解自己一般理解了孩子的苦恼之后,是不是就可以不要求孩子了呢?

显然不是。

需要的仅是家长的意识有所改变。

作业是什么?

作业是一个练习的过程。

这个过程允许孩子不会;这个过程允许孩子出错;这个过程允许孩子害怕困难。

可曾听过这样的话:"你今天干吗去了?听课了吗?听了怎么作业还能不会做呢?"

很多时候,老师和家长觉得孩子如果听了课,应该能顺利完成作业。

可是这不是事实。

首先,从我们个人的经验出发,小时候做作业抑或长大后参加某项职业培训,是否一学就会?是否一点就通?

恐怕对很多人来说,很多时候答案是:否。

事实是:或者有几个知识点搞混,存在张冠李戴的情况;或者有某个新知识点遗漏,存在依然用旧知识点解题的情况;或者原来的某个知识点运用得相当娴熟,存在不愿意开始新知识点练习的情况。

那么作业就是解决这些问题的一个过程,是一个可以不断来回往复,让孩子学会新知识、掌握新能力的过程。

我得用自己做个例子。

记得我曾经和孩子一起学习如何使用思维导图提取关键词。

例题是:"慢腾腾的乌龟追赶可爱的兔子。"

经过训练之后,我们知道如何删除非关键词不影响主干,于是关键词一下就被提出来了,答案是:"乌龟追兔子。"

慢腾腾的乌龟追赶兔子
慢腾腾的乌龟追赶兔子
乌龟追兔子

第二个练习题是:"鸽子象征着和平和希望。"

这个简单,我很随意地把"鸽子""象征""和平""希望"这些词都写在了同一个水平线上,"完全没有难度嘛"。

鸽子 象征 和平 希望

鸽子 象征 → 和平
　　　　 → 希望

等到答案出来时,我发现自己没有分层级,虽然老师刚讲完,但是"层级"这个知识点被滑过去了。

我可是个成人啊,这样的错误我也在犯,我不禁哑然失笑,同时也反思了自己学习过程中思考的过程。

于是通过这个题,我一下就加深了印象,记住了层级这个概念。

设若这个"我"是被家长盯着做作业的孩子呢?他会不会面临这样的场景:

家长一下就把手指戳到本子上,厉声道:"对吗?!仔细看看,怎么就不认真一点,刚刚讲完,就做错!"

孩子学会了什么?

刚刚完成作业的轻松和愉悦心情还没来得及品味一下,突如其来的"教导"如暴风骤雨,羞辱的感觉瞬间吞噬了孩子。

被盯着做作业的压力让孩子失去了自我发现、自我修正、自省的机会。

常常有家长会说:"现在的孩子说不得,一说就翻脸,不乐意;明明是自己错了,还嘴硬,还狡辩是老师说的。"

作为成年人,当我们被指责,有被羞辱的感受时,你会做什么决定?

如果条件允许,恐怕你也会反驳、辩解,把强加在自己身上的羞辱感推掉吧?那么孩子不也正在做出这样的正常反应吗?

那么,是不允许家长指出孩子的错误吗?

不是的,孩子不拒绝纠正任何一个错误,他拒绝的是成人指出错误的方式。

如果把刚才的指责换成这样的方式:

"哦,我看到有另外一种不同的做法,你觉得和自己做的有什么不同?"

其实就是把成人默默对答案的方式,变成了适合学龄孩子的亲子沟通的方式,变成了家长有效陪伴的方式;很重要的是,这样的方式里没有评判,没有站在能力制高点的俯视和指责,能让做作业的人平静地完成自我修正,关注于作业本身,而不是关注于指责与被指责所带来的羞辱情绪上。

其次,"一学就会""一点就通"的人是否存在?

是的,存在。

他们就是家长和老师常常夸赞的"聪明"学生。

不同的孩子学习的能力不一样。

一味地要求孩子"一学就会",甚至于拿"聪明"学生来做标杆,只会让孩子产生被比较的压力,而这样的压力与学习本身无关。

更多时候,孩子需要个性化的辅导,这样的辅导与他自己的学习能力相匹配才好。

在辅导孩子做专注力练习的过程中,我碰到一个"聪明"的孩子。

她在视觉搜索和短时记忆方面的能力很强,但在图形的识别记忆方面能力比较弱,仿写题常常不能完成。

(想做更多专注力训练的题目,可以关注公众号)

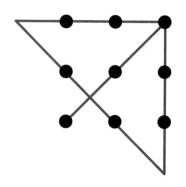

给出图形之后,她会在仔细看完后说"可以了"。

当把图形盖起来之后,她面对点棋盘,拿着笔,想了一会儿:"不记得了。"

如是几回,我决定从更简单的地方开始,否则训练中,我和这个孩子都会有挫败感。

我不再给现成的图片,而是从点出发,标出两个点的连线,让孩子跟画,我们把所有点的连线位置形状都琢磨了一遍,其中颇费了些时间和功夫。

点线的位置熟悉之后,孩子再做要求的题目,就很顺手了。

在做作业的过程中,有许多不同的做法,不同的孩子的起点不一定完全相同,找到这个孩子的症结所在,其实就是训练孩子学会解决自己的问题。

其实做作业的过程,也是训练家长和老师学习教会孩子的过程。

如果作业仅是要求一个完成的结果,那么孩子失去了多少学习的机会,失去了多少自我发现和自我学习的机会?而家长又失去了多少了解自己孩子,培养自己教的能力的机会呢?

从现在起,把每次作业都当成一次冒险吧,看看这一次的短途旅行是路途平坦,风景平淡,还是蜿蜒崎岖,风光旖旎。

家长实例

放学的时候,一年级的班主任说:"简小妮今天在课堂上还是没有完成作业。"

"嗯,我知道了,再继续练习。"我笑笑说。

回家的路上,我们聊着这个话题。

越聊我越觉得这个问题进了死胡同。

"老师要求写字的时候你在做什么?玩橡皮擦,还是换笔?"

"不是,老师都没有让写,就下课了。"

"哦,那其他小朋友也没有交吗?"

"有几个交了。"

"那么说明老师给时间写作业了,老师说'开始写作业'的时候,你在做什么?"

"我写了,写在书上了。"

"哦,老师有要求写书上的?"

"都是先写在书上,再写在本子上。"

"哦,那么交的同学是先写在书上,还是写在本子上?"

"他们中午就开始写了,我都没来。"

"哦,那你想到用什么办法解决?"

"嗯……"想了一会儿,她突然有点烦躁,"不知道,反正我就是慢!"

我不说话了,欲速则不达,没有理清思路,强行解决问题只会引起挑战。

吃罢晚饭,洗了碗,半湿漉着手的简小妮斗志昂扬地坐在书桌前。

"看看我们需要多长时间可以把今天的字写完?"

"好,5分钟,你计时间。"

我刚把闹表调好,一搭眼看到她在写前面的作业:

"这部分不是今天要求的吧?"

"不是,我补写。"

"我设定了5分钟,是写今天的四个生字的,如果你写其他的,估计在规定的时间内完不成规定的作业了。"

我找到了一个突破点:

娃把看到的事先做了,不管这事是不是要求做的!

——她不是不会做,不是不想做,是不会安排紧急而重要的事情先做(典型的缺乏工作技能的行为啊)。

我按停闹表:

"如果你先做这部分，那么我恐怕不能给你计时5分钟，你可能需要重新考虑一下，现在要做的是哪一部分，哪一部分是老师要求做的，哪些部分是可以后做的。我估计你今天也是因为这样影响了时间吧？"

她看了看我，想了想，"嗯，我刚才看到这个没做，就先补做了。"

"那你现在是决定先补做，还是先做今天要求的部分？"

"先做今天的吧。"

"好，开始。"

生字部分顺利完成了。

想起老师有听写的要求，休息片刻，我们又继续。

第一个字落笔，她就开始擦起来，擦了几遍，我有些暴躁："时间就这么多，一直擦到最后，收本子了还写不成一个字。"

她瞪着我，我越发恼怒起来：

"一分钟听一个词，不会的先留空！"

一边听写，她一边烦躁地跺着脚，不时还用鼻孔哼气。

我只管一分钟听一个词，时间一到，我收了本子，果然是惨不忍睹。

"你把书打开，对一对，看看哪个没写好！"

她眼睛红红的，啪嗒啪嗒开始掉眼泪。

"我现在也很生气，我先出去待一会儿，我好了再回来。"

我再不采取点措施，估计得原地爆炸。

一个热水澡，让我回到平常的状态中。

"宝，我好了，你怎么样？"

她笑笑地把作业本给我，通常这样的暂停总是能有效果。

"我看到你把11个词都写出来了，来看看刚才没写出来的时候，你是怎么想的？"

"紧张。"

"嗯，我看到你很烦躁。"

"是着急，都跺脚了，手忙脚乱。"她倒是把成语用得很准确。

"哦，手忙脚乱，很好，看来我们需要一点小安排。"我一下子又找到了一个点。

"想想看你是怎么练新曲子的，是不是先唱谱，先右手，再左手？"

"或者先左手，再右手。"她进入了平常的练习场景。

"好，来想象一下，如果老师拿了个新曲子来，直接扔给你，说：'弹！'你会怎么样？"

她咯咯笑着说："乱套了。"

"那么，同样，我们写生字，能不能同时又顾拼音，又顾字，或者同一时间考虑笔画、声母、韵母和声调？"

"不能。"

"那来看看从哪里开始更容易？"

于是我们制定了开始下笔的点，中间可以缓冲的部分，最后要做的工作。

11个词组，她用两分钟写完了汉字，用六分钟写完了拼音。

最后她找到了适合自己的写法。

一个晚上，我们找到了两个可以提升技能的地方。

第二天的听写结果，是不是满分，变得不那么重要。

家长思考题

1. 在孩子碰到困难的时候,和孩子一起做,看看问题发生在哪里,再寻找解决方法。
2. 在和孩子做的过程中,去除"想当然",通过成人的能力去评估孩子的能力,更容易找到契合点。

2. 考试是为了拿高分吗?从不会到会,培养孩子自信和独立

"学习成绩是最起码的,考双百很简单,还得学会玩,这是我对孩子最起码的要求。"

——有家长这么说。

"我跟孩子说,分数不重要,会就行。我从来不严格要求孩子分数。"

——也有家长这么说。

看来大家的关注点都在分数上,或严格或不严格,或高或低。那么我来跟大家讲一个我女儿的真实故事,跟分数有关。

期中考试之前,老师发了张卷子,让孩子利用周末的时间完成。

6岁的简小妮上完舞蹈课,开始做卷子,我在一旁整理第二天上课的教具,一副岁月静好的样子。

不一会儿,我听到烦躁的哼唧声,我转头一看,简小妮在发脾

气,我凑上去看了看,哦,卡在第二大题的一个拼音上了,"pú táo"不会写。

我说:"不会做的可以留空,先做下一题。"

简小妮仍然蹬腿喘粗气,不停哼唧。

我很恼火,但转念一想,这会儿训斥、责备都不会有用,能做什么呢?

我拿起闹表,平静地说:"一节课是40分钟,你刚才做了差不多10分钟,我现在再按30分钟,看看你能完成多少?"

我放下闹表,做我的事情去了,其间哼唧、抽泣声不绝于耳,如同背景音乐一般。

闹表准时响起,我走过去,轻轻拿起简小妮的卷子:"时间到了,我来帮你判一下卷子吧。"

卷子的第二大题以下,基本是空白的,卡在不会的地方,一直无法进行下去。

"嗯,21分。午餐时间到了,我们先吃饭去。"

【理念:感觉好才能做得好】

在孩子有情绪(沮丧、伤心、失望、挫败……)的时候,无论家长多占理,哪怕能口吐莲花,此刻的任何训导都如爆炒鹅卵石——油盐难进啊。所以我常常建议家长先处理好孩子的情绪,再来处理事情。放下自己想要表达的欲望,把想说的话留到合适的时机,再来说,恐怕能省很多力气。

吃着饭,简小妮平静了,笑嘻嘻地跟我聊着天,聊着聊着,我说起刚才的事。

"刚才做卷子,你做到一半,为什么不做了呢?"

"那个拼音不会做。"

"遇到不会的地方可以怎么办?"

"往下做。"

"你为什么没有往下做呢?当时在想什么?"

"我一着急就忘记了。"

"哦,那后来我过去提醒你了,你为什么还不做呢?"

"你提醒晚了,那个时候我已经开始生气了。"

唔,我竟一时气结,无话可说。然而很真实,难得一个孩子能够那么清晰地把自己情绪变化的过程说得如此清楚,很好。

吃过饭,我说:"你打算交这份卷子吗?还是有什么想法?"

"再做一遍。"

"你打算现在做,还是午睡起来做?"

"现在。"

"如果还有不会的题目,你会怎么办?"

"先做后面的。"

"好的,你已经知道应该怎么处理了,我来给你计时,看看这次需要多长时间。"

【方法:启发式提问】

用让孩子做选择、自己来决定的态度,让孩子为自己的决定承担责任,培养孩子解决问题的能力,其中我还用了有限的选择(现在做,还是午睡起来做?)帮助孩子有效地做决定,一点一点地教会孩子如何思考,如何处理问题;还用了鼓励(你已经知道应该怎么处理了)的方式,让孩子看到自己能做什么,建立自信。

33分钟过去,孩子做完了。

我一看,好家伙!空白不少。

"这些都不会做?"

"对啊,不会都跳过了,会的都做完了。"

嗯,孩子学得就是快,一次掌握一个技能,把会的先做,不会的能做多少做多少,这个当年高考时老师无数遍的训诫,我至今记忆犹新。

判完卷子,69分。——相对于一年级学生来说,90分算及格,这是个大大不及格的成绩啊。

允许孩子从不会到会,允许孩子慢慢进步,69分到90分,中间的进步空间相当大。

于是我们头碰头,研究起不会的题目。

有多难?不一定,有些是一年级孩子不适应的说法,有些是不理解要求,很多是一说就通的点。

【意识:允许孩子进步】

每一次作业,每一次考试,都要允许孩子不会。

很多家长会着急:"这么简单,为什么不会呢?今天听没听课?听了为什么不会?"

请大家跳出这个误区:不是听了课就一定会的。

听了课,当时会了,做作业错了,换个题不会了,这是学习中常见的现象。

允许孩子在做作业的过程中再一次学习,从不会到会,从陌生到熟悉,多次重复,这才是学习的过程啊。

"现在你对这份卷子有什么想法?"

"都会了。"

"你打算做什么?"

"再做一遍。"

"我建议你晚上再做,每个人的精力都是有限的,休息好,有精神,会做得更快更好。"

"好!"

【意识:学习要关注时间和精力】

很多家长知道学习要有计划,然而往往对学习需要精力没有概念。

一次学习时间不要过长,学习任务不要过重,对保护孩子的学习热情和积极性相当重要。

吃完晚饭,简小妮坐在书桌旁,很快做完了第一页,她胸有成竹地把卷子往我面前一推:"判卷!"

末了还加了一句:"我全都会,肯定是满分!"

我笑着接过卷子,一眼瞧见了第一大题里有个空没填,而这道题她前两次都做对了。

一年级的娃啊,漏题来得相当容易。

我看了看简小妮很是自得的样子,心下颇为踌躇,停了一歇,我问:"看来你信心满满,要拿满分啊。"

"对啊,我都会,容易!"简小妮头都没抬。

"哦,万一没拿满分呢?"

"不可能,我全都会!"

"哦,那如果万一呢?"

"没拿就没拿,反正我都会。"

这次用时26分钟,卷面分是94分。

大约是提前有了交流,简小妮看到自己有漏题,就懊恼了一会儿,"我应该要再检查一下。"

于是她决定第二天再做一遍。

第四次,用时20分3秒,错了一个声调。

当我把99分写在总分的框里的时候,简小妮"哇"的一声,冲到阳台上大哭起来。

我把四次卷子拢到一起看了看,知道下一步要怎么办了。但是我没有叫她,我安静地坐着,坐在我的位置上看书,一直到她哭完回来。

【理念:信任孩子】

允许孩子有挫败感,会失望,会难过,会痛苦,允许这些感受在孩子身上停留,并相信孩子有能力与这些感受共处,一次又一次,锻炼并增强孩子的情感肌肉,抗挫折能力就有了。

"你好一点了吗?需要我抱抱吗?"

她坐在我腿上,又开始哭起来。

"真的很遗憾,就差那么一点点,心里一定很不甘吧。"

简小妮哭得更大声了,我拍了她一会儿。

【理念:共情】

说出孩子的感受,与孩子感同身受,孩子会与你心连心,"你懂我!"就是这种感觉。

当他被你理解的时候,那种放声大哭是感动,是释放,是好起来的前奏。

"我想写几个数字给你看看,你想来吗?"

她转过来，我在纸上边写边说："这是你第一次用的时间，是40分钟，得了21分。"

"第二次用了33分钟，得了69分。"

"第三次用了26分钟，得了94分。"

"第四次用了20分钟，得了99分。"

"你在这几个数字里看到了什么？"写完，我问她。

沉吟了不到6秒钟的时间，简小妮迸出一个词："进步。"

"嗯，我也看到了其中的变化，而且这里面有你一次又一次的努力和时间的付出，那么你觉得是这个进步重要，还是在卷子上拿100分重要？"

"进步重要。"

"我的看法和你一样。"接着，我们回顾了她是怎么背会140首古诗词的，是怎么在短短的三个月里把钢琴曲练到现在这个程度的，是怎样从完全不会跳绳到左右脚交叉跳，一口气跳100下的。

看得出来，她对如何帮助自己从不会到会，从不熟悉到熟悉是多么有信心。

陪伴孩子不是监督孩子，我们是孩子的伙伴，不是孩子的老板。

老师可以只关注结果不关注过程，而父母不应该只关注结果不关注过程。

当然很多家长说"我不要求他考高分，会就行"，很多时候其实是让自己偷懒——因为你根本不知道孩子到底会不会，哪儿会，哪儿不会，如何让他学会。

更多的时候，如果我们在关注分数和结果的同时，更多地关注如何帮助孩子获得满意的分数和结果，更多地关注如何在帮助的过程中让孩子看到自己的能力，如何在这个过程中学会克服困难、帮助自己管理情绪，那么我们就做好陪伴这件事了。

家长思考题

1. 以前你对考试的看法是什么？
2. 你曾经用什么方式对待自己和孩子的考试？
3. 你现在对考试有什么新看法？打算怎么做？

第 4 章

在孩子学习过程中，帮他全面提升学习内驱力

　　学习内驱力，不是一项专门的学科，不需要单独学习，这是一项能力，要在学习和生活的过程中，借由学习体验和生活经验不断激发和养固。

　　我们常说，错误是学习的好机会，挑战是成长的最好契机。孩子越是让成人感到不舒服，越是有成人特别想要去改变的问题，越是一个好时机。在解决这个问题的过程中，向孩子展示成人的做法，让孩子有机会不断去进步，进步本身就是对孩子最大的鼓励，也是不断激发孩子学习内驱力的过程。

　　如果成人能够从害怕孩子有问题，担心孩子有问题，转变为欢迎孩子有挑战，把挑战当成孩子学习和成长的好机会，那么孩子掌握的人生技能会多得多，他解决问题的能力也会大得多。

1 克服常见学习障碍，让孩子同时拥有学习能力和人生技能

1. 孩子学习上有畏难情绪？运用这三个步骤让孩子勇往直前

常常有家长说，孩子一碰到自己不太会的作业就不愿意做，碰到自己觉得难的部分就躲，畏难情绪严重，缺乏迎难而上的精神。

家长希望孩子坚韧，希望孩子具备刻苦的品质，都是特别正常的想法。那么要想让期望变为现实，家长就需要在意识和技能上有些提升才好。

首先，在意识上，我们来看一看"畏难"这件事。先假设这个场景，手头有一件工作，是我们驾轻就熟的，我们是不是很乐意去完成它？

另外有一件新工作，如果完全没有思路，而且也没有最后期限，是不是大家会先放着，不去碰它，甚至于最后会被搁置？

再譬如，每每要写工作汇报或者思想汇报，没有思路或者本人是不擅长、不习惯写作的人，是不是不想做这件事情，或者会借口这件事没太多意义，能拖就拖？

可见，我们都喜欢轻松愉快的事情，都想要回避繁重艰难的

事。如果成人尚且如此，何况孩子呢？

每一次新的学习都有可能会碰到困难，不要期望孩子主动勇往直前，这样的美德，如果家长不曾花大力气去培养，孩子不会自动获得，获得坚韧这种能力的唯一途径就是在碰到困难的时候，成人做示范，教会孩子。

其实孩子在碰到作业或者学习任务困难的时候，往往并不是一碰到困难就放弃的。通常是在遇到困难，稍做尝试后，不知道如何克服而放弃的。若是家长并没有具体的帮助，仅是一味地要求孩子迎难而上，除了"要求"以外并无实际行动，那么孩子难免就会产生畏难情绪。

学习是一个把不是自己的东西变成自己的东西的过程，这个转化过程是一个艰难的过程。

人在困难的时候是最孤独的时候，孩子还没有足够的意志力独自去对抗这样的孤独。如果此刻父母可以用适当的方法陪伴孩子的学习，那么孩子不仅能获得学习的技能，更能获得抵抗脆弱的勇气。当这样的勇气积累得足够多的时候，孩子的意志力和抗挫折能力就培养出来了。

那么家长要如何去帮助孩子呢？下面是具体的几个方式和步骤：

（1）用孩子熟悉或者已经获得的经验去帮助他

我的孩子上二年级时，有一次我和她继续背每日一诗。她想偷懒了，向我微微抗议，她说："妈妈，背完《春江花月夜》，我以为就可以歇了，可是还要背840个字的《长恨歌》。每天背诗，多累啊！"

我说："对啊，功夫在诗外，积累在平时。《长恨歌》是高中的课文，按字数相当于30首七言，你都能背下来，而且基本上是每天背12句，那就相当于每天背3首七言，而且没费什么劲。这些一日一诗，不过就是一首五言，20个字，或者是七言，28个字，那就相当简单了。"

3比1，这个数据很有说服力，孩子笑笑不说话，就接受了。

她习琴，每每到开练新曲子的时候，总是会闹别扭。新曲子俗称"开荒"，从刚结束的那首曲子行云流水般舒畅的状态，到一首新曲子极陌生的磕磕巴巴状态，是很令人挫败和沮丧的。

这时候，我常常鼓励她去弹一遍已经熟练的曲子，再去回忆这首曲子从开荒到熟练的过程，于是孩子又开始接受从头来的事实，不断去练习新曲子。

在这一个部分，家长需要像政委一样，不断地面对孩子碰到的新情况，不断地做思想工作，从而在心理上支持孩子从逃避到直面困难，然后克服困难。

（2）降低难度，分小步骤

一项学习任务，如果孩子没有太多概念或者没有形成完整思路的时候，她通常会放弃或者拖延。

我家这个二年级的孩子，比较讨厌看图写话，因为要写很多字，不知道要写到什么时候。往往有作文要写的时候，她或者是嘀嘀咕咕，不情不愿地做，或者是空着不做。

有一次，我和她坐下来，先请她把图上的内容说一说，有什么人，有什么事物，都在哪里，在做什么。

然后请她规划，大约想写多少句话，是五句还是六句符合老师的要求。

接着让她确定开头段写一句还是两句，中间段写三句还是四句,结尾段写一句还是两句。

最后她来动笔,每一段的这些句子都写什么,一段一段来,一句一句写。

当她形成这样的思路之后,写小作文就变得简单了,就是写句子,只是这些句子有关联,上下有联结,于是行动起来就容易了。

(3)专项练习

孩子之所以对某些学习项目和内容有畏难情绪或者没有信心,往往是因为不够熟悉,以至于没有底气。

给孩子做专项练习,就是让孩子把某一项练习做到极致熟练。

正所谓"难者不会,会者不难",如何能会?去做,多做,多次反复自然就熟练了。

我记得女儿小时候特别不愿意跳绳,因为手脚不协调,跳不过去,跳不到要求的数量。

于是那段时间,我们基本的家庭运动项目就是跳绳,每天跳几个1分钟,互相计数,互相鼓励。

结果孩子一分钟跳绳次数从100个,到110个,120个,甚至有时跳到180个。因为练习得足够多,手脚协调性增强了,各种尝试多了,正跳、反跳、单脚、交叉、花式,很多之前想都没想过能玩的样式都跳出来了。

有了这些经历,孩子自己总结了学习经验:"每一项技能,我都可以学会,只要足够多地练习。"

这么看来,畏难这件事的最佳解决方案,就在于去做,做得足够多。

> **家长思考题**
>
> 1. 你的孩子在哪项技能的练习上碰到过困难?你是如何跟孩子说的?孩子的反馈是什么?
> 2. 你现在打算如何帮助孩子?

2. 孩子学习不自信?用这种方法帮孩子建立学习上的自信心

家长特别期望的是孩子碰到什么疑问都能够胸有成竹,遇事不惊,回答起来落落大方,有理有据,举止得当。

带着这美好的期望,我们回过来看看我们的出发点:孩子的年龄特点及其能力基点。

每一个孩子生来都不自带人类社会的技能和社交的能力。

在0~6岁的过程中,每一个孩子都有突飞猛进的发展,从一个只能躺着哭的完全无能力的婴儿,变成了一个会走会跳、会说会讲的有各种能力的小大人,几乎在短短的几年间,完成了从动物到社会人的成长转变。

在这个成长转变中,成人的养育方式对孩子如何获得这些社会技能起到了至关重要的作用,当然也决定着孩子对自己所获得的知识和技能的自信程度。

设想一个这样的场景,你在学成人舞蹈,看老师跳舞让你简直热血沸腾,似乎那个镜子里潇洒起舞的就是学习之后的你。等到你开始跳的时候,你看看镜子中的自己,手脚笨拙,惊慌失措,与自己想象的潇洒相去甚远。这个失落还没消化呢,老师在那边喊上了,"手,手,抬高一点,脚,脚尖点地,你没认真看,这个动作很简单啊!"

大约在老师步步紧逼的指导下,你会觉得手脚不知道要怎么摆才好,挫败感极强:"不行,看来我是不行的。"此刻你会自信满满吗?

再设想一个场景,你在参加一个演讲班,花了很长时间写稿子,信心满满地站在人前,每说一句,老师都指点:"这个话的表达应该用另一种方式才适合";再说一句,老师说"这没有什么逻辑性啊";再说一句,老师说"我跟你说,你要这么说,人都跑了,不听了"。

到了这里,大约你已经觉得自己不会说话了吧?还哪里有信心满满的侃侃而谈。

如果我们曾经有过这样的经历,一定不能指望在这样的训练中获得自信心。

然而很多家长常常在制造这样的场景,期望在这样的场景中帮助孩子建立自信心。

每每做作业的时候,家长在陪着,实际是盯着,每写一个字:"这个字没有横平竖直啊,擦了重写。""这个词组得不好,重新组。""这句话写得太别扭了,再想想。"

孩子不仅要应对学习内容,还要分出极大的精力来应付随时被纠正、随时被打断的家长的声音,在这样强大的压力下,要去根据自己的能力完成学业,还能随时满足家长的"指导"要求,恐怕只能疲于奔命,哪里还有空间来构建自信心呢?所以家长过多过细的纠正,只能让孩子寸步难行,挫败感更强。

要帮助孩子建立自信心需要做到以下几点：

（1）鼓励已经做到的部分

我们说，再糟糕的事情都有值得鼓励的一面。把已经做到的部分描述给孩子听，就足以让他不断地练习掌握了。

我女儿在大班的时候要练习写自己的名字，她看了我的示范，信心满满地开始学着写，写完之后，把笔一扔，"我不写了，我写不成你那样。"

我没有说："你写得不错"，也没有说："你这字就写得不对，要多写，要不还是不会。"

我只是把她写的这个字的某个部分圈出来，告诉她，这个部分还是写得横平竖直的，试试看，下一个字会写成什么样？

她一听，拿起笔又开始写了。

哪怕是错字，也有可取之处，着眼于优点，展示出来，让孩子有信心继续练习。

（2）自信来自实力，实力来自完全熟练

常常在比赛的现场听到家长说："我好担心，你万一弹错了怎么办？"也有孩子说："我好紧张，我要错了怎么办？"

其实自信很多时候来自实力，而实力来自熟练。

如果没有足够的练习，不得不上战场，那么就接纳结果，下次再来。

比赛结束，不是完结，而是下一段练习的开始，因为有了比赛的经验，了解了自己的不足与他人的长处，针对性地进行练习，把不足的地方多次练习、补足，那么原来害怕的地方变成了拿手的部分，自信心当然就建立起来了。

记得我在一个大型的公开讲座上做过这样的体验式活动，我邀请了两位家长扮演孩子，我来扮演他们的家长。

我对第一位"孩子"说了以下的话：

"哇，满分啊，我会给你个大大的奖励！"

"你这么听话我很高兴！"

"你真的按我说的做了，真棒！"

"你做对了！真聪明啊！"

"好棒！这就是我希望的！"

"你真是个好孩子！"

"你真会让我高兴啊！"

这位"孩子"听着我说的话，笑容满面。我问他："听了这些话，你会有什么感受和想法？"

"孩子"说："我很兴奋，感到很自信，因为妈妈觉得我很棒，我做得很好！"

于是我对第二位"孩子"说了以下的话：

"你付出努力了，你值得得到它。"

"你一定为自己感到骄傲吧？"

"你对自己的成果有什么感觉呢？"

"你自己就找到了解决问题的方法！"

"你能决定什么对你来说才是最好的！"

"我相信你可以从错误中吸取教训。"

"无论如何，我都爱你。"

听完这些话，第二位"孩子"说："我很平静，很有力量，我觉得我能自己做判断，我能做到，我有足够的勇气。"

这时第一位"孩子"若有所思地说："这样听来，我听到的，都是妈妈想要的，我是因为妈妈喜欢才去做的，我不知道自己想要什么。"

也许每个人在这些话里第一时间的感受和体验有所差异,然而,因为别人的认可得到的"自信",不是自信,是他信。

自信无法由他人给予。自信只能从自己的内心生发。内心能生发出来的,都是基于自己的体验,自己做过的事情。

所以我常常鼓励孩子们去做,哪怕这件事此刻不是他最擅长的事。

我记得有一个五岁的孩子,刚开始练习跳绳,动作可以用笨拙来形容。如何让孩子学会甩动绳子是个问题;如何适时跳离地面,让绳子顺利通过是个问题。

成人的示范,孩子是能看到的,但是如何能做出来,他不知道。

我决定试一试分步骤进行,而且从最简单可行的部分开始。

"现在脚不动,只甩绳子,从后向前;嗯,我看到你已经能甩绳子了,从前往后试试。"

"好的,从后往前,从前往后,嗯,越来越顺畅,看得出来你对这个动作已经掌握了。"

"现在把绳子放在旁边,只练习跳,一下一下地跳起来,试试看节奏,一、二、三……这个动作对你来说像吃豆腐一样容易,来试试下一个动作,会不会像这个动作一样容易?"

"对,脚不动,把绳子甩起来,打到脚尖前面的地板,现在跳过去,好,再把绳子甩起来。"

这个分解动作后来被称为"慢动作跳绳"。

当孩子每一步都做到的时候,他的信心被他自己树立起来了,他不断尝试,能力也随之不断增强。

家长思考题

1. 找一件孩子正在做的而略显信心不足的事情,记录下来。
2. 用鼓励的话来帮助孩子,你会说什么?
3. 记录孩子的反馈。

3. 孩子不能坚持?学学爬山的方法孩子就很愿意登顶

常常有家长感慨自己的孩子不能坚持,比如说"计划也是他参与制订的,刚开始还挺好,慢慢地就坚持不了了"。

再比如"练字需要坚持,练着练着,就不练了"。

其实坚持不难,只是家长常常走进了误区。

误区一:坚持是"为了你好"

家长要求孩子坚持做某件事,常常是因为这件事情对孩子有某项好处,比如练字会对孩子有好处,字写得好终归不是坏事;比如练琴、舞蹈对孩子有好处,可以陶冶情操,有一技之长,能拿得出手;比如参加体育锻炼对孩子有好处,身体是革命的本钱……

这些道理当然对,在成人的经验看来,爱孩子的父母一定不想做对孩子不好的事情。

然而,对的道理是否能为孩子接受,那不一定。特别是在孩子未尝有过体验的基础上,仅靠"告诉"这种虚无缥缈的手段,实在难以让孩子鼓起对抗枯燥、艰难的学习的勇气。

误区二：坚持就是一直做下去

有的时候，孩子其实已经坚持了一段时间，比如一个学期、两个学期，甚至是几年的时间，但是在这个过程中家长没有做适当的总结，没有给孩子一起规划一个前景，仅仅是坚持，对孩子来说，是一件痛苦的事。

父子俩去爬山，又高又陡，爬了一阵，孩子开始问："要爬到哪儿？"爸爸说："只管爬，越高越好。"又爬了一阵，孩子又问："还要爬多久？"爸爸说："再爬高一点。"再爬一阵，孩子又问："到底要爬到哪儿？"爸爸说："别问了，爬就是了。"于是孩子无论如何不爬了。

山有多高是看得见的，会显得故事有些荒谬。

然而，把这个故事改写成学习任务，就常见了。

譬如练字，孩子问："我要练几个学期？"家长说："慢慢练，练好为止。"练了一段时间，孩子问："我还要练多久，都练了一个学期了。"家长说："练一个学期了，你的字还写成这样，还得练。"又练了一个学期，孩子问："还要练吗？我不想练了。"家长说："不练怎么行，要坚持练，做事情不要轻易放弃！"结果，孩子放弃了。

这样的坚持，意味着事情很困难，让人巴不得赶紧摆脱，要一直做下去很难。

误区三：坚持就是因为要坚持

有的时候，孩子已经很厌烦很厌烦某项学习了，而家长因为要孩子培养"坚韧"的品格，要求孩子再烦也不要轻易放弃，至少最后能有"坚持"了那么长时间的一个记录，于是就变成为了坚持而坚持着。

殊不知，这人为的坚持除了破坏孩子学习的兴趣之外，鲜有益处。

要如何走出误区，让孩子真正地学会坚持？

1）给孩子一个坚持的理由

我们常常看许多伟人传记或是励志故事，其中坚持或是几十年如一日地做一件事情，被奉为一种美德，于是家长常常用这样的例子去激励孩子，让孩子坚持。

然而，家长大约只看到了故事里所传递的一种力量，却忽略了这种力量的发源以及终点。

但凡一个人能够坚持做某一件事几十年，甚至一生，必有其发心，或者说一定有个契机或理由，把这件事当成自己的责任或是使命，或是热爱这件事，那么坚持做这件事并不见得那么痛苦。

所以和孩子一起去发现或者创造一个坚持的理由，或者找到热爱这件事的突破口，才能让坚持变压力为动力。

2）给孩子一个坚持的里程碑

还是说说爬山吧。

父子俩去爬山，山又高又陡，爸爸说："我们爬到那个顶峰吧。"孩子一看："太高了，那得爬到什么时候，我可爬不动。"爸爸说："看到半山腰那个小平台没？我们爬上去看看。"

爬了好一阵，到了小平台，看了会儿风景，爸爸说："看，上面还有一个小平台，风景一定不同，我们上那儿去。"

于是两人又开始爬，到了，又看了会儿风景，歇过，力气又来了，爸爸说："不知不觉，都爬了一半了，我们再爬上去。"

两人继续爬，实在爬不动的时候，抬头看看，还有一点，咬着牙，继续爬，还有一点，熬过了极限，也没那么累了。

终于，登顶了。

在学习中，不断地制定小目标，让孩子学会爬小坡，不断突破自己的极限，继续坚持的能力就增强了。

3）让坚持的成果鼓励孩子继续坚持

在坚持的过程中，孩子一定会有积累。家长要做有心人，帮助孩子记录已经做到的事情，并展示给孩子看。用他坚持的成果去鼓励他继续坚持，让他的成果与他自己产生羁绊和连接，他要想放弃都会舍不得，那么坚持下去的可能性会很大。

记得我女儿是从四岁开始背古诗词的，我还给她在喜马拉雅开了一个小专栏，每天上传，并且告诉她，很多小朋友会跟着她读。有时候她偷懒，不想背，我就会告诉她，其他小朋友就听不到，也背不成了。她的责任感让她坚持下来了。

等她录了一季、两季，积攒了几十首，也有了许多的点击量，坚持就不是问题了，她会去关注有多少人对她的作品感兴趣，她帮助了多少小朋友。

家长实例

我为什么要练功？

孩子爱上兴趣班，常常是因为各种喜欢，或者是喜欢玩的过程，或者是喜欢最终结果的呈现，简单地说就是喜欢展示和表演。不同的兴趣班有不同的特点和不同的要求；比如五岁的简小妮上英语兴趣班，是因为好玩，一周上三次课，她很享受和老师们的互动和说的快乐，所以上课是件好玩的事；平时能说是自然而然的结果。

那么上舞蹈课呢，不太一样了；平时上课很好玩，去表演也好玩，可是每天练功就不太好玩了。有一天她问我："妈妈，为什么我每天都要练功啊，真累啊。"

我说："哦，每天练功真的很累呢，你可以选择练也可以选择不练，这个由你决定。"

我又接着说："我曾经听到一个小朋友说，想要做姐姐们那样美美的动作，就是一下把腿抬过头顶的那个，这个可需要很长时间的练习哦。"

她一边听我说她曾经说过的话，一边微笑着说："哦，那好吧，我还是练吧。"

过了几天，她又问我同样的问题："妈妈，为什么我每天都要练功啊，真累啊。"

我说："嗯，如果你想做抬腿的动作就需要练习啊。"

"为什么呢？"

"抬腿过头，需要单腿站立，对吧？如果单腿站不住，你看我。"

我故意做了一个单腿站不住，摔倒的滑稽动作，然后我们咯咯笑了一阵："吸腿就可以练习腿部力量，就可以站稳啦。"

"好吧。"然后她就开始躺下练习吸腿了。

"妈妈，可是竖叉很疼。"练到竖叉的时候，她带了点不情愿的声音哼唧。

我说："竖叉是有点疼，我记得我开始练竖叉的时候

> 都有哥哥那么大了。"我开始给她讲我上大学时候的故事："刚开始压腿的时候，疼得眼泪哗啦啦地流，就这样，"我一边说，一边很夸张地做着流泪的表情，她一边笑着听我讲，一边开始做竖叉。"后来慢慢压得没那么疼了。我看到你的后腿膝盖跟大姐姐做的差不多一样了，几乎挨到地面了。"她听我打岔，又有意识地把前腿膝盖直了直，把后腿膝盖往下压。
>
> "后来有一次教练说，不可能，我来帮你压，结果教练发现我就是已经压开了，他怎么压我也不疼，她就叫我'小面条'。现在妈妈是大面条，大面条生了你这个小面条。"
>
> 简小妮一边听我说一边数数压腿，结果'小面条'给她笑得咯咯的，"都是你，妈妈，你说的故事把我的数都给数乱了。"
>
> 然后我们又笑着把剩下的部分练了，她喜欢一边压一边数数，喜欢我给她说"脚尖绷得很直了，已经从锄头脚变成锥子脚了"。我也惊喜地发现，她后腿从角尺变成直尺了。
>
> 就这样，一天一点，每天的练习都有惊喜和进步，不需要一下子做到完美，练功这样简单的事情也可以不是完全枯燥的，是可以有发现和有乐趣的。

我们培养孩子重在享受过程，好成绩不过是在追求美好过程之后一个自然的结果，只要家长们在这个过程中多花点心思和精力。

4. 孩子学习总偷懒？运用这种方法就能激发他的勤奋

家长常常会感慨孩子学习会偷懒，所以家长要想尽一切办法盯着孩子，避免一旦离开自己的视线，孩子就偷偷不做了。其实与其要求孩子去做，不如想办法和孩子一起做，最后变成他自己要做。

我的女儿二年级的时候，也常常很讨厌预习和复习，她最不喜欢的事就是抄写生字。

可是对于低年段的孩子来说，重复地去写是一个比较有效的学习方法，这就产生了一个矛盾：需要孩子重复多次学习，可是孩子不愿意用这样的方式去学习，怎么办？

有一天，我在给她检查生字的时候，看到有抄错的地方，就给她圈出来，让她改正。她很不情愿，拽过本子，摔摔打打地，嘴里还嘟囔着，十二万个"不愿意"写在脸上。

我看着她的样子，原来并没有气的，倒生出三分气来。想要说她，可是转念一想，大约说了也不会有效果，反而说不定会惹出更大的不愉快来。

趁着她订正的时机，我倒是想出了一个主意来，于是我说："我看你写字的笔顺啊，有些和我以前写得不一样，是不是现在老师们有新写法，你可以给我讲一遍吗？"

她抬头看了看我，我也认真又诚恳地看着她，她确定我不是在开玩笑，一下就放松下来。

"好啊，我来教你。"

"嗯，好，那你是老师，我是学生。开始上课之前，老师是不是要备一下课？"

"对！等我把这几个字订正完，我先备课。"

于是备课开始了，看得到她在小本子上写写画画，把要讲的字都写了一遍。

然后她说："我们要开始上课了，同学们都请坐好。"于是我很认真地当起学生，她很认真地在白板上，一个字一个字地讲解，哪个偏旁哪个部首，笔画笔顺，我也很认真地在本子上照着写起来。

讲完之后，她说："都学会了吗？我们现在来听写。"

我一丝不苟，完全按要求听写起来，其实此刻我心里又有了一个想法。

她给我听写完，我说："你是老师，是不是老师也有被考核的时候，现在假装我是校长，我来给老师听写啦。"

这个角色变换让孩子兴奋起来："好！现在你是校长。"于是"校长"给"老师"听写起来。

写完了怎么办呢？"老师"负责批改两份作业——自己的和学生的，能用红笔批改，对小孩子来说意味着权利啊，她早就想这么干了。

瞧瞧，本来一件很让她讨厌的写生字的事情，因为她当了老师，她需要备课、讲解和听写，而这个流程的设计，让她把这些生字在自己"备课"时写了一遍，在白板讲解讲了一遍，给"学生"听写读了一遍，被"校长"听写又写了一遍，给自己和学生批改作业又对了一遍，一课生字用这样的方法，不知不觉她就学了五遍，是不是就足够了呢？

很多时候，孩子偷懒，不过是不喜欢那一种学习方式。只要家长不偷懒，想想办法，不拘泥于要求孩子自己学，而是想办法与孩子一起做，那么孩子勤奋学习是很容易被激发出来的。

5. 孩子不想吃苦？和善而坚定，培养孩子的承受力

孩子常常为了摆脱枯燥的学习，耍点小聪明，动点小心思，做出"不是我不想学，而是条件不允许"的姿态，这个时候，家长是直接戳穿孩子，正颜厉色地教育一番，还是承认"现在孩子太厉害，说不过他"，虽有不甘，也只好无奈由他得逞？

先读故事：其实我一点也不想听写

走在回酒店的路上，我和七岁的简小妮聊着天，说起了听写英语单词的事。

"好可惜啊，没有带听写本。"简小妮叹了一声。

"没事，我有办法，不一定要带听写本。"我认真地答。

"那就是还要听写啰？"小姑娘带着遗憾的调调。

"听起来，听写单词对你来说压力有点大啊。"我暗笑，原来有这个小心思。

"对，听写是我比较烦的一件事。"简小妮很诚实地回答。

这一刻，我是多么希望能够豪气地豁免她："不喜欢就不要做吧。"

然而，理智如我，一秒钟就回到了本位。

"嗯，今天我听到你在机场念了：Please wait behind the yellow line! 这句提示语里有6个单词，你会几个？"

"5个，只有line没写过。"

"嗯，那么这5个是怎么学会的？"

"写了很多次。"

"好，其实我们有选择。第一个选择是，因为太辛苦，以后不

再写单词，不学习了，那么你可能就不会有今天一下读出这句话的愉悦；第二个选择是，每天辛苦一点点，积累一点，那么未来，你会有更多的本领，像今天读这句话的时候一样，顺手就把本领施展出来，让自己的能力愉悦自己。"

小姑娘没说话。

"刚才的第一个和第二个选择，你倾向哪个呢？"

"还是选第二个吧，烦恼总是有的。"简小妮琢磨了一会儿说。

"嗯，大约每一天我们都会做一些有压力的事情，也会做一些轻松的事情，有紧张也有放松，就是一张一弛，生活大概就是这样。"我尽力地避免用"你现在辛苦一点，以后就轻松"这样的不实言论影响孩子。

"对，有的时候，一整天都会很快乐。"

"看来你很注意积累生活的体验，确实是，有的时候一天里快乐的事情会比较多，有的时候一天里烦恼的事情又比较多，就是通常人们说的做什么都不顺。人生就是这样组成的，没有所有的好事都发生在一个人身上，也没有所有的糟糕事都在一个人身上。我们只需要尽量去享受每一件事的过程，不管你觉得这件事苦不苦，去体验它。"

"嗯，有时过去了，也没有那么糟糕。"简小妮做了一个总结。

人生无处不是感悟，读万卷书，行万里路。我们且行且悟。

故事分析与运用：培养孩子的承受力

我在听到孩子的小心思之后，没有教训孩子，也没有怜悯孩子，而是平静地跟孩子进行交流，在交流的过程中找机会引导。

家长要特别注意，什么叫不要怜悯孩子。不怜悯孩子意味着允许孩子有失望、失落的情绪,不着急把孩子从这些情绪中马上解救出来。如果家长因为于心不忍而通过免责、减免正常工作或学习量的方式让孩子感觉好起来,这样就会让孩子失去力量,让孩子产生无能感或依赖感,也会让孩子学会投机取巧,放弃承担。

> 运用1:家长在生活中多寻找孩子类似的情形,帮助孩子找到不喜欢还要做的理由,不是通过说教,而是引导、帮助孩子学会承受压力。

我把简小妮已经做到的事情用描述的方式讲出来,让小妮看到自己的能力所在,并发现自己能做到的原因。

其实学龄的孩子在生活过程中已经有了许多的阅历,因为他已经在几年的时间里学会了大量的本领,这个过程他积累了很多经验,只是他自己不知道,也看不到。而家长最重要的任务是让孩子看到自己已经具备的本领和学会这些本领付出的努力,让孩子有机会从自己的经验中学习。

> 运用2:学龄儿童的家长多收集孩子从不会到会的点滴趣事,在引导的过程中运用;从现在开始可以做个有心人,不断地观察孩子,做好孩子的成长记录。

家长要尊重事实,避免为了让孩子接受不愉快,而给孩子灌输"你现在辛苦一点,以后就轻松"这样的观念。把生活的真相告诉孩子,让孩子从有苦有乐、有轻松有压力的生活中去慢慢体会,才能真正培养孩子对生活的强大承受力。

所以,当家长想告诉孩子:"……以后就好了,就再也不用……"的时候，请先想一想，真的是这样吗？确定是这样吗？如果不是这样，事实是怎么样的？你会如何告诉孩子，让孩子有勇气去接受，有能力去前行？

家长思考题

1. 请你回想生活中类似孩子因不想学习而耍赖的情形。你以前是怎么说的，怎么做的？
2. 现在再遇到这样的情形，你想如何对孩子说，打算怎么做？

2 稳定学习情绪,让孩子成为高效学习者

1. 孩子易烦躁?用这种方法帮孩子成为"淡定坚韧娃"

孩子在学习过程中遇到困难,容易烦躁是相当常见的问题了。那么我们如何帮助孩子学会管理情绪,变得更加坚韧?

先读故事:*掌握磨小刺的学习技巧*

七岁的简小妮有一张每日任务安排表,她在训练自己每天都完成一些工作,包括练琴、听故事、听音乐、练口语、做数学题、做家务……

然后数数今天完成了几项,把数字填在上面。

昨天她要完成的任务只有两项:做作业、练琴。

刚刚结束的钢琴课,要求练习新的内容。

通常每周上完琴课,第一天和第二天是我陪练,接下来的几天或我陪练或是她自己练。

第一、二天的练习通常会持续两小时。

从手型练习开始,左手五遍,右手五遍,每只手练习五遍,这真是轻车熟路,相当的顺利。

新内容来了,是旧曲子,右手弹的内容,变成左手弹。

主题曲还算顺利,三遍弹过去了。

第一变奏曲也还算顺利,四遍弹过去了。

第二变奏曲出问题了,基本上每个小节卡了一次,而简小妮每卡一次都要从主题曲开始,于是每卡一次她便多一分烦躁。

"第二变奏曲上有根小刺,你需要先磨平它。"我在旁边提醒。

简小妮不理我,只管气呼呼地一遍又一遍从头开始。

我便不说话,琢磨着我能做的,以及她的熟悉程度和心情的变化。

当她第六遍从头开始的时候,我忍不住说:

"举个例子,你要背40首春天的古诗,现在背到第40首,这首很不熟悉,卡住了,你是要背这首,让它从不熟练到熟练,还是每一次都从第一首开始背?"

简小妮气呼呼地停了下来,抓过她的琴谱,开始写。

到这里,她已经练了将近6个12分钟,中间没有像平时一样休息。我想了想,不说话,只管做我的事。

大约10分钟的样子,她自己又开始弹,一遍弹过去了,又弹了一遍。

"妈妈,你可以过来,帮我记下一个了。"

"我看到你平静下来了,大约你又找到了一个办法帮助自己感觉好起来?"

"对,写作业我觉得是最好的让自己好起来的办法。"

接下来都是新曲子,问题又来了,或是少了拍子,或是错了音符。

开始她还笑着重来，笑着笑着，越来越勉强了，渐渐地笑不出来了，开始跺脚了。

我搂着她，帮她停了下来："想想看，这是一个竹轨道，上面有条长的毛刺，你的小车每次开到这都被绊一下，翻掉，翻了好几次，你会怎么办？"

简小妮不吭声。

"你打算再从起点开始，开到这然后再翻掉？那么会不会一开始到这的路越来越熟悉，而这里跨不过去，后面的风景总也看不到？"

简小妮微微点了点头。

"那你要是想看后面的风景，你得怎么办才好？"

"先把毛刺给拔掉。"简小妮平静下来了。

"嗯，这根毛刺很坚硬，不能一下就拔掉，你现在只有一张砂纸，就跟你上次打磨机械动力那些部件一样的工具，你打算怎么办？"

"用砂纸一点一点磨。"简小妮一定是回到了那个场景中。

"嗯，那是整个轨道都磨一遍吗？"

"不是，就磨突出来的地方。"简小妮很有经验了。

"嗯，那么这个曲子里的小毛刺怎么磨？"

"就练这个小节，一直到完全熟练为止。"简小妮把已有的生活经验完全迁移到当前的问题中来了。

克服了这个困难，我们继续练习，直到我发现她开始惰怠。

我提议："已经练了一个半小时了，我建议明天再练，新内容有点多。"

"不，我要练完。"

又练了几遍，新内容确实磨心力，不时出点小错，简小妮气得直拍自己出错的那只手。

"有时候，我们需要合理安排自己的精力，今天在这件事情上已经付出很多力气了，需要恢复一下。我们可以分一点工作给明天做。"

简小妮哭了起来。

"需要我抱抱？"

她搂着我，眼泪大滴大滴地掉下来。

"可是我想今天全部过一遍。"

"嗯，如果真能像我们期望的那样，全部过一遍而且还弹得很流利，那心里就顺畅了。我们知道，每个人的精力都是有限的，记得我们经常说要换脑子，对吧？想象一下，你的脑袋里有两个小人，一个小人是负责工作的，一个小人是负责监督完成工作的，还拿着把剑。拿剑的小人经常在工作的小人偷懒的时候，用剑在他屁股上扎一下。"说着我在小姑娘屁股蛋上轻轻捅了一下。

小姑娘挂着眼泪，笑了一下，又抽泣一下。

"今天呢，工作的小人已经很努力，整整工作了两个小时，实在筋疲力尽了，可是拿剑的小人还不满意，刺得越来越用力，结果工作的小人满屁股都是大血洞。"小姑娘咯咯笑了起来。

"你看看，工作小人花了很多精力工作，他已经开始发信号了：'我累了，需要休息'，拿剑小人不但不听，还不断地损耗他的血量，再这样下去，工作小人明天的力气都被耗光了。我们是不是要给工作小人补充点血？比如做作业？"

"嗯，好。"简小妮一边模仿屁股被刺的小人，一边收拾她的琴谱。

——孩子学习是一个艰苦的过程,在这个过程中需要学会时间管理、任务管理、心情管理,还有很重要的一项:精力管理。

📖 故事分析与运用:培养学习坚韧力

我在陪伴简小妮的过程,更关注于观察和记录,"手型、左手、右手、主题曲、第一变奏曲、第二变奏曲……"看似烦琐,每一个小任务都做记录,然而唯有这样,才能真正了解孩子的学习量,了解孩子的进度,以帮助孩子及时发现问题。

> 运用1:家长在陪伴孩子的时候,尽量做到"出人出工",陪孩子不一定要干涉孩子做的事情,但要观察和了解孩子学习的进度和任务量有多大,这样才能有的放矢。

在孩子遇到困难烦躁的时候,不一定要马上解救孩子,"不要生气了,慢慢来""要不就不练了吧""来,吃点东西",这些方式都不能让孩子与自己的情绪好好相处,给孩子一点时间和空间,让他充分体会自己的情绪,让他有机会去锻炼自己的"情感肌肉"。

> 运用2:观察孩子在学习、生活过程中烦躁的情况下,家长自己的感受、想法和做法。现在你会怎么做?可以记录下来。

孩子不拒绝任何一种管理,他拒绝的是管理的方式。

我们应该学习遵循四个维度的管理:

四个维度管理	
时间管理	学会把可利用的时间合理安排学习,譬如做好时间管理表、时间安排表
任务管理	在有效的时间内,安排合理的工作任务,不过于繁重,也不过于轻松
心情管理	遇到困难的时候、沮丧的时候、挫败的时候,找到方法让自己平静下来,大脑盖子合上才能全力学习
精力管理	长时间学习、多任务学习、大脑盖子掀开的状态下学习,都在损耗精力。观察自己精力的分布情况,才能培养出高效学习的能力

在教育中,教学手段有趣很重要,而陪伴的有效性也很重要,家长只有掌握这些管理技能,才能培养出孩子的整体掌控能力和自我判断能力,才能培养出孩子的学习坚韧力。

家长思考题

1. 这一章节的要点比较多,看完之后,可以把你关注的点写下来。
2. 哪些点对你有启发,可以写下来,发到微信公众号"晓航说",与作者互动。

家长实例

"李小军,一次、二次、三次。"李小军有三次没交作业了。

我把小军叫到办公室,想问问他原因。

"小军,这是咱们班的登分表。你的名字这一行已经空了三次了。你知道这说明什么吗?"我尽量温柔地问道。

小军抬起头,飞快地瞟了一眼表上的记录,不敢看我,又低下头。

"说明你已经有三次没交作业啦。是什么原因呢?"

小男孩头也不抬,用蚊蝇一般细小的声音说:"我一写作业就烦躁。"

"哦?为什么会烦躁?"

小男孩不吭声了。

我怀疑是我的问题太难了,就打开电脑放了一个视频给他看。视频里,有个小男孩坐在书桌前,作业本摊在桌面,看来是要写作业。但是他没有马上写,而是扶着墙慢慢走到房间门口,然后,像观察珍宝一样仔细看着门上的花纹,再用手一一抚摸过;半小时后,他回到座位上,拿起笔,开始转笔,几分钟后转椅子,喝水……一个小时过去了,作业本还是干净如初,一个字没写!

"你跟网上这个小朋友一样吗?"

小军不好意思地笑了笑,点点头。

我看他情绪放松了,就笑着问他:"你也是去研究房门了吗?"

"我没有。我就是一看到作业就心烦,不想写。"

"你写作业时,心里想些什么事情呢?"

"我想喝水,想上厕所,还想翻出抽屉里的玩具玩一下。"

"是什么玩具呀?"我好奇地问,其实内心有点不解,抽屉里放玩具,这不是引孩子分心吗?

"我偷偷藏了一个小沙锤在里边。其实沙锤不好玩,我只是不想写作业。"

我"嗯"了声,继续问:"不写作业的时候,也会感到烦躁吗?"

"我一学习就烦。我不喜欢学习。"

小军的声音还是细细的,但是一开口就爆猛料。

我抬抬眉毛,真是不问不知道,一问吓一跳,这孩子都烦躁到不想学习了。

希腊哲学家埃皮克提图曾说:"我们不会因为事情本身而烦恼,而是因为我们对事情的理解而烦恼。"那么,小军是因为对学习和写作业有什么误解,才会产生"一学习就烦躁"的想法吗?

我打算从以下三个方面去帮助小军解决问题。

1.烦人精先生

像小军这样处在小学低年段的孩子,还分不清事实和感受。他们对一件事有负面感受,就会否定那件事,拒绝接受那件事。所以,我决定先帮小军分析自己对"学习的感受"和"真实的学习"其实是两回事。

"小军,是烦人精先生来烦你了吗?"

"谁?"

"你一看到学习就烦,是不是在你学习的时候,有一位烦人精先生来拜访你了?"

"嘻嘻嘻,烦人精先生,老师你说话真逗。"一直有点害羞的小军被我逗笑了。

我也笑着回答他:"是呀,烦人精先生也经常来拜访我,特别是我想认真做事的时候。"

"老师你也会遇到烦人精先生吗?"

"会呀,每个人都会。只要烦人精先生一来,我们就会感到烦躁;他一走,我们的心情就好了。你想想,是不是这样?"

"嘻嘻,好像是的。只要不学习,我就不会烦躁。我和同学玩的时候,也不烦躁。"

"那么,有可能你上次学习的时候,烦人精先生刚好就出来刷存在感了,所以,你才会感到烦躁。想一想,你并不是在所有学习的时候都感到烦躁吧?"

"……没有。"小军若有所思地回答。

"所以,也许是烦人精先生影响了你的心情,而不是学习。当烦人精先生来拜访的时候,我们最好停下来,等烦人精先生走开,再来做事情。你愿意试试吗?"

"好的。"

帮感受起个昵称,既顺应孩子喜欢给东西命名的特点,又能帮助孩子识别自己的感受,理解复杂的感受到来时心里会出现的各种想法,而这些想法和事实不一定相符,这样孩子才能不会被自己的感受控制,误解事实。

2.画事件图把问题缩小

小军说一看到学习就烦,一写作业就烦,这两个问题都很大，没办法解决。

所以，我要帮助小军把大问题缩小，小到成为能够解决的具体问题。我看了看小军没有交的三次作业，都是写作文。所以，小军觉得学习烦躁，是不是跟写作文有关？

"小军，你对写作文有什么看法呢？"

"老师，我一写作文，烦人精先生就来打扰我。我不喜欢写作文。"小军举一反三，马上将烦人精先生请了出来。

"嗯，脑海里的烦人精先生是不是在说，'小军，别写作文了，跟我玩会儿吧。'它一直说啊说啊，说得你不想写作文了，是不是？"

"嘻嘻，是的。"小军抿了抿唇，乐不可支地说。

"现在，烦人精先生在不在？"我问小军。

"不在。"

"那我们趁它不在搞点事情。怎么样？"我努力创造神秘气氛。

"好啊好啊。老师，我们做什么？"小军的积极性被我调动起来了。

"你想象中的烦人精先生长什么样子？把它画出来。"

小军兴高采烈地在纸上画出一个大头人。我在大头人头顶写上"烦人精先生"，在旁边画三个长方形框，框之间以箭号隔开。第一个框里我写感受"烦躁"；第二个框里写想法"不想写作文"；第三个框里写决定"不写作文，玩玩具。"

"小军，如果烦人精走了，要写作文了。你有什么想法呢？"

"我想快点写完，就可以出去玩了。"

我在烦人精头像下面，再画出三个框，第二个框里写想法"想快点写完"；第三个框里写"出去玩。"

"小军，第一个框还空着呢，要写你看到作文时有什么感受？"

"呜……我不知道。我不喜欢写作文。"

"不喜欢不是一种感受哦。感受是指：开心、难过、烦躁、委屈、害怕……"

"……我害怕写作文。"

"好。那第一个框框就写：害怕。"

通过画事件图，我弄清楚了小军不写作文的原因，竟然是害怕。有了这个明确的方向，我开始思考怎么解决。

3.头脑风暴找解决办法

"小军，作文为什么会令你害怕呢？"

"我不会写作文，只要想到要写作文，我就害怕。"

我找出其中一篇作文，题目是"一件有趣的事"。

"写作文最重要的是要有真情实感。想想你最近遇到了哪些有趣的事。"

小军摇了摇头，不好意思地说："我想不出来。"

"好吧。那我们来玩个头脑风暴的游戏。"我抽出一张纸，开始记录："你最近都做过哪些事情呢？"

"什么事都可以说吗？"

"可以。"

"吃饭、睡觉、上学、上课、玩耍……"

"周末呢？"

"踢球、游泳、去公园、走亲戚……"

很快，这张纸上就被我写了密密麻麻一堆。这么多事情难道就没有一件有趣的吗？我有点疑惑。

"这些事情都是经常做的吗？"

这次小军没有想很久，很快回答："去公园和走亲戚次数不多。"

"去了哪个公园？有什么好玩的吗？"

小军想了想说："去了石溪，那里有条小溪，很多小朋友在那里玩。"

"石溪我也去过，小朋友们都喜欢泡在小溪里玩耍。你喜欢吗？"

"老师，我上次在那里交了一个新朋友，我和他一起堆了一个城堡……"

我这一问，终于打开了小军的话匣子，他兴奋地跟我讲起了在小溪里发生的故事。等他讲完，我连忙表扬他，"很不错哦，你能够在浅水中搭建一个城堡，还能留出空间让自己坐进去，就好像你是城堡的主人一样。"

小军看来很满意自己的作品，都忘记谦虚了："是呀老师，周围的大人也都说我很厉害呢。"

"这么厉害的事情，能否将它写到作文里去呢？"

小军愣了愣，疑惑地说："可是写作文要有意义，我用沙子堆个城堡有什么意义呢？"

"你的城堡一次一次被水冲垮，你又一次次想办法加固，最终把城堡堆好了。你有什么经验介绍给我吗？"我不答反问。

小军低头沉思了一下，抬头看我，兴奋地说道："在小溪里堆城堡要选好地址，水不能流得太快，沙子要堆得多，要制造隔离带，不然就会被冲垮。"

"那么你从这里学到了什么?"

"堆城堡要有方法,不能一次失败,就放弃……"小军目不转睛地盯着我,此刻他的眼睛里神采飞扬,好似有星星在闪亮。

"对呀!这不就是你的收获吗,算不算得上意义?"

"算!"小军郑重地点点头。

第二天,小军就将作文《一件有趣的事》交给了我。稚嫩的字体,青涩的言语,这无疑是一篇情感真挚的作文。

"小军,写作文还有那么可怕吗?"

"还是有点怕。"小军不好意思地点点头,但他很快抬起头说:"其实,也不是那么可怕。我不理烦人精先生就好了。"

"哈哈哈,好啊!"

小军的故事到这里就结束了,但是类似"烦人精先生"这样的角色不会离去,它们会不断地出现在孩子们的身边,乘虚而入。比如,在学习的时候,孩子们经常会遇到"题目不会做、作业做不完、很努力却考不好"等情况,这时他们就会产生负面情绪,诸如烦躁、失望、挫败感……如果处理不好,孩子就会成为情绪的受害者。

著名教育学者尹建莉曾说过:"孩子原本不需要为学习而苦恼,凡是因为学习感到痛苦的孩子,都因为他遇到了不正确的引导。"我们身为家长,不要做孩子问题的解救者,而是要做教练,去帮助我们的孩子识别情绪,化解问题。

情绪就像海浪一样有起有伏,再强烈的情绪都有退去的时候。当情绪退去，一切重归平静时，教练上场，教孩子学会辩证思考，独立解决问题，如此他才能培养出自信，感受问题得到解决时带来的心灵上的愉悦和满足。那么，在以后的人生中，不管经历怎样的风浪，他都能保持淡定、坚韧，永不言弃。

（作者：欧阳方）

2. 孩子输不起？正确引导孩子情绪和行为，培养抗挫力

常常有家长提到孩子输不起的问题，具体表现为和同学或者朋友一起玩竞技类的游戏，输了会大哭大闹、发脾气、闹情绪，让游戏玩不下去；参加比赛或者活动，没有拿到奖励或者名次，心情郁闷，给家长脸色看，让家长很是难堪。

其实，输了或者没有达到自己的预期目标，心里不畅快是很自然的事情，那么要如何引导孩子的情绪呢？

先读故事：他们的作品为什么好？

学校开展的种植物观察活动结束了，同学们把花搬到学校展览，也把观察日记交了上去。

我们家很不擅长种花，矮牵牛长得是又细又瘦，无论如何还是交了，而观察日记是简小妮自己写自己做的，我甚至没有花一点点时间帮忙，只是临交之前看了一眼她完成的作品。

下午老师在群里发布了展板图片，我看到没有她的作品。

吃饭的时候，我主动挑了这个话题。

"我看到今天老师发了展板的图片，好像没有你的。"

"没有我，没选上！"她撇嘴想哭，带着气恼，趴在桌子上。

"哦，你有点失望。"

"哇……哇……"她转过来趴在我身上，在餐厅里也算得上是放声大哭了。

我看看了此刻餐厅里人并不多，大约不需要回避，于是我只是搂着她，不说话，一边拍拍她。

约莫两分钟之后，她哭声小点了，我说："心里有个小疙瘩，像被堵住一样，如果你的作品也贴在展板上，那一定会让人心里很畅快。"

被说到心坎上的简小妮坐了起来，自己开始分析："我的都没有自己动手画，都是贴上去的，太花了，所以得不了奖。可是我画不好，用模板，一画就歪了。"

我一边把班级群里的图片打开，一边表示理解："你觉得需要自己画，才是好的作品？"

"还有要写很多内容，才行。"

"看来你总结了一些你认为好的点，我们一起来看看展板上的作品吧，你觉得哪一个你比较欣赏？"

"这个，是我们班同学的，他写了很多字。"

"嗯，我比较喜欢另外这个，他的文字很少，我看到他用了思维导图的方式。"

简小妮指了另外一幅："这个文字也不多，全部是图片。"

"嗯，他的图片比较有序，是按植物生长的顺序来的，有时间线。"

"对,这个画得很漂亮,他把整个内容都连接在一起。"

……

我们讨论了好一会儿,讨论了各自欣赏的部分,讨论了自己的特点,也讨论了下次会用什么方式来做自己的作品。

没有被展示,没有得奖,也许意味着在这一批作品里,自己的那个作品不足够好。

然而这不意味着自己不如别人,这倒是一个很好的机会,让自己安静下来博采众长,找到自己的优势和发挥自己的优势。

故事分析与运用:培养孩子抗挫折能力

我看到孩子没有上榜,平静地提出看到的情况,不带任何评判地和孩子沟通,去了解孩子的想法和感受,不用自己的情绪或判断左右孩子。

> 运用1:家长在孩子有"落后"、比赛失利等情形时,尝试去和孩子聊聊这个话题,接受孩子因为沮丧、挫败而产生的情绪,不用物质、许诺来解救孩子,让他和他的情绪在一起,用安静的陪伴帮助孩子调节自己的情绪,提高他的抗挫折能力。

要在孩子情绪过去之后,和他一起来分析所有人的作品,学会欣赏他人,从他人的长项中学习,也从他人的创意中学会多种表达方式。

> 运用2:家长处理"输不起"问题的第一步是帮助孩子处理情绪,第二步是引导孩子的行为,可以和孩子一

起分析失利原因，学会欣赏他人的优点和长处，同时可以反思自己的过程，优化自己的成果。

在和孩子一起分析作品的时候，要尽量平等地表达，既不要求孩子一定赞同自己的看法，也不是一味地附和孩子的想法。

运用3：家长在和孩子讨论的时候，尽量做到仅是提供自己的看法，共同讨论，不评价、不贬低孩子的任何想法和看法，每个人的看法和想法都有价值，自己能从孩子身上学习，也让孩子从自己身上学习。

3. 没有奖励，孩子就没有动力？警惕！奖励的杀手作用

常常家长会用奖励来激励孩子去做大人要他做的事，往往会有负面的效果。奖励会成为亲子关系的蚕食机。

全市青少年钢琴比赛初选，儿童组的第一轮比赛结束，小憩时，听得一个六七岁的小孩子用手表电话在跟家长通话：

"妈妈，我拿奖了，今天你要奖励我什么？"

闺蜜顿时心生感慨：

"现在小孩子怎么这么爱奖励了，我家小哲也是，做个什么事都问我有什么奖励！"

我无言，孩子之所以会讨要奖励，必定是成人培养的结果。

试想想，可曾见过这样的场景：

"你把这碗饭都吃完了，就奖励你一颗糖。"

小小孩儿自然是尝过糖的甜，大约也禁不住糖的诱惑，果然那碗饭也就吃完了。

得逞的家长便如自己得了糖一般欣喜："这个方法好用，下次还这么办！"

一来二去，小小孩儿便知道吃完了饭有糖吃，为了糖吃饭，也许还多讨两块，却全然不知饭菜的滋味，当然更不知道饭菜对身体的滋养作用。——也许连家长也不曾深究过让小孩儿吃下这些饭的原因，只是因为要让他吃完，所以想了这个"投其所好"的办法达到目的罢了。

等孩子大些了，有作业了，有家长会说："你把作业做完了，就奖励你多看一集电视。"

一开始自然是做的，慢慢的或是潦草完成，或是错题连篇。

于是家长不愿意了："怎么写成这样？怎么错成这样？你就没心做作业！重写！"

"你说过写完就让我看电视的！你说话不算数！"

"写成这样看什么电视？！一天就知道看电视！"

家长运用奖励，本意是想让任务顺利完成，当然奖励的首要条件也是任务必须顺利完成。然而孩子对"**任务必须顺利完成**"的认知也许与大人有偏差——大人认为：做作业的任务顺利完成是指每一道题都正确完成，书写工整；而孩子认为：做作业的任务顺利完成是指写完他认为的答案。至于对错以及工整，之前没有界定过，自然也不会出现在他这个年龄段的意识范围内。

然而，一旦家长认为孩子没有成功完成，便会拒绝给奖励（不让看电视），那么在孩子看来，承诺给他的东西被剥夺了，他正在遭受惩罚，那么奖励造成了令人沮丧的局面。

（1）除了令人沮丧，奖励有三大危害

1）奖励转移了孩子对事情本身的关注

这两年，我在课堂的时候，已经鲜有孩子问我"今天这首诗讲了什么"或者是"类似的古诗还有哪首"这样与所学相关的问题。

但常常会有孩子问我：

"老师，今天的古诗我背会了，奖品是什么？"

"老师，这个做完了有什么奖励？"

我不禁哑然，孩子更关心的是奖励，而不是学习这件事本身的内在价值以及他在学习过程中获得的愉悦。

孩子们已经接受了太多廉价小礼品的轰炸，每件事必有一个手头的小物件来证明已经完成，然而完成的是什么，完成的那件事本身的乐趣已经完全没有体会到，事情本身的美好完全被忽略不见。以至于这样的孩子长大之后，需要他人的奖赏来证明对自己的认可。在给教师培训的时候，曾经有年轻的教师这么回答过我："对啊，如果没有奖励，我怎么知道这件事我做得很好呢？"

所以说，奖励已经干扰了个人自尊的形成，正在让被奖励的人依赖他人的认可来判断自己，从而造成自我判断缺乏，同时缺乏的是对自己所付出的努力的评估能力。

2）奖励是成人操控孩子的手段而非培养孩子的内驱力

"昨天你好好吃饭得了两颗糖，看你今天还能不能得到。"

当家长用这样的方式来要求孩子吃饭的时候，其实是在用奖励操控孩子，而不是尊重孩子身体的需要。

孩子要吃多少饭应该由他本人的身体来决定，通俗地说就是他觉不觉得饿，而不是家长觉不觉得他饿。

那么如果孩子在餐前吃了零食,影响了胃口,没有吃足够的饭,被饿着了,他就学会了下一顿要吃足够的饭,并且在一段时间这样饱饱饥饥的状态中去学会掌握自己的饭量。

饿了要吃,这样的需求,才是内驱力。

那么对于学习来说,是不是也可以有内驱力?

当然有。

从成人角度看,这么多热爱学习的成人,在走上工作岗位,为人父母之后,自觉自发自掏腰包参加各种学习,每天打卡受"虐",这就是需要。他觉得缺,所以需要,内驱力就在这里。

对于孩子来说,引发他的兴趣,让他自己想学,内驱力就有了。

不能引发兴趣,而用奖励去要求孩子完成,其实是在削弱孩子的内在动机。孩子没有机会发展对这项学习的兴趣,没有机会去培养对这项学习本身的喜爱。

3)奖励造成成人与孩子尊严的双输

如果奖励对孩子有吸引力,他特别想得到这个奖励,当他接受这个"奖励"条件时,其实是把自己放在卑下的地位,准备接受"赐予",放弃了自己的尊严;如果他不接受这个"奖励"条件,他是维护了自己的尊严,但他会失去想要的喜欢的东西,同时还有冒犯提出奖励的成人的风险。所以无论他接不接受,都处在"输"的境地。

那么对于成人来说,如果孩子接受了"奖励"条件,他仿佛是高高在上的"恩赐者",但是就在他用奖励让自己凌驾在孩子尊严之上时,他已经失去了尊严——一旦奖励不存在,他也在孩子心里不存在；如果孩子不接受"奖励"条件，成人无疑将自己放在一个毫无权威的尴尬境地。

可见，奖励并不是一个有效的培养孩子能力的手段，而是侵蚀成人与孩子之间关系的蚕食机。

（2）不用奖励用什么？

不奖励不惩罚能培养孩子内驱力的方法很多，以下先讨论三种：

1）和孩子一起解决问题

很多时候，孩子不是不想做，不是畏难，是缺乏训练，没有解决和处理问题的技能，所以在一件事情上用了很长时间，花费了很多精力，事情仍然没有完成，这是相当令人沮丧的。

当有成人陪伴并指点时，孩子有安全感，有强大的支持，这样去解决问题就令人相当愉快了。

譬如：我曾经陪小学一年级孩子背过单词"beautiful"。这个词很长，对于一年级的孩子不容易。

写了几遍之后，我跟他一起"创造"了一下，ea发［i］的音，那么beau就是［biu］的音，虽然拼音没有这个写法，这个音不就是常见的象声词嘛，孩子们太熟悉了，ti和拼音一样正常发音，ful之前学过，凡是这样的音都是这个后缀。于是这个长单词变成了：［biu］，踢了一脚，变成浮在水面漂亮的花。孩子创造完哈哈笑了起来，于是这个词就再没有忘记过。

也许会有人说这么记不标准，然而这个过程有参与、有创造、有乐趣，孩子在这个过程中培养的学习兴趣和体会到的乐趣，远比标准重要。

这个当然要比仅为了让孩子记住,"记住了就给你一颗糖"的奖励来得有意义。

2) 让孩子体验完成的愉悦

对于成人,很多时候,会提高要求,不但要做,还要做好。

但是对于孩子,完成比完美重要。

让孩子先学会做完,在做的过程中体会"我能行,我做得到"的成就感远比"你做得最棒"更有价值。

孩子在口算题的时候,我常常会悄悄按秒表,去了解他们的速度。

在大致了解一个孩子的运算速度之后,我会稍微提高一点点要求:通常30题用2分钟的话,我会邀请他用1分55秒试试,下一次用1分54秒试试。

当孩子习惯了在一件事上埋头进行,那么我会帮助他把这种能力迁移到其他学习中去:

"还记得你做口算题吗?你是怎么能把2分钟的题在1分40秒完成的?"

"通过练习,很多次。"

"那么这件事你打算怎么做?"

"多试几次。"

通常,孩子多做几次会完成的,他自己在这个过程中就体会到了自己的能力,体会到了自己的能力能够完成这些事情,自然愉悦就产生了,孩子愿意去完成的事情会越来越多。

3) 让需要完成的任务变得有趣而非负担

成人最擅长的事情就是把很多好玩的事变成负担,变成不得不做的苦事。

其实对于孩子来说，如果没有先入为主的概念，每一件事都有很多乐趣，他都巴不得去做一做。每一项任务其实都有有趣的地方，需要的仅是我们具备一双发现乐趣的眼睛而已。

譬如做家务，孩子们曾经在叠衣服这件事上，发明了速度叠法、高度叠法、难度叠法。速度叠法就是看看最快要多长时间叠好一件衣服；高度叠法是看看怎么叠能把衣服摞得更高；难度叠法是挑战自己最困难的那种叠法，看看能够忍受到第几件。相信还会有很多的玩法，目的不过是在似乎枯燥的生活中添加一点乐趣，当然这些任务就变得有趣起来。

当然不用奖励，培养孩子更多能力的方法还有很多，希望更多的父母能够用这些方法代替奖励，真正地发展出孩子的内驱力来。

《桥梁：为促进纪律性，提高教学质量和效率的学校建立关系》（*Bridges: Building Relationships for Improved Discipline, academic Gains and Effective Schools*），〔美〕英洛（Lois Ingber）

《正面管教》，〔美〕简·尼尔森　琳·洛特

《无条件养育》（*Unconditional Parenting*）、《用奖励来惩罚》（*Punished by Rewards*），〔美〕艾尔菲·科恩（Alfie Kohn）

> **家长思考题**
>
> 1. 在你和孩子之间,奖励意味着什么?你曾经如何使用奖励?
> 2. 你现在对奖励有什么新的看法?你会对孩子怎么做?

4. 孩子总无理取闹?用游戏法帮孩子处理情绪,提高适应力

家长常常会遇到孩子无理取闹的情形。

譬如小小的孩子,不让玩玻璃杯,担心会打碎,会扎到,结果孩子不理解,哭闹,就是想要,说道理还说不通。

譬如今天上幼儿园,天分明冷了,让她穿厚一点,她却非得穿裙子,说什么都不换,家长担心感冒,可是怎么也说不听。

譬如上了小学,做作业呢,告诉他那道题做错了,他就不改,还非说"老师就是这么说的!"

真真是"秀才遇到兵,有理说不清"啊。

孩子为什么会无理取闹?这是家长们在解决这类问题之前先要了解的内容。

(1) 孩子"无理取闹"的原因

孩子尚不具备相应现象的理解能力。

皮亚杰理论说明,不同年龄段孩子智力的发育情况有所不同,他们的认知往往和父母所认为的不一样。

比如，对于3岁的孩子，同样多的两团橡皮泥，一团做成了球，一团压扁，他会认为两团橡皮泥不一样多，而5岁的孩子会告诉你它们一样多，并能说明原因。

再比如两个容量一样大的杯子，形状不一样，倒同样的水，3岁的孩子会认为两个杯子的水不一样多；而5岁或6岁的孩子则会告诉你水是一样多的，并且能说明原因。

可见很多时候幼儿对同一个事物的感知、解读和理解还未达到相当的水平，而成人希望告诉他，然后他立即就能明白，然后就去执行，这显然是不可能的。

当孩子按照自己的理解和认知去行事时，成人就会认为他"无理取闹"。

（2）家长想当然地要求孩子理解相关的问题

家长在孩子到一定年龄后，要求孩子按照自己认为合理的方式来行事，而孩子可能有自己的想法，譬如家长认为回家之后先做作业然后再去玩，是合理的安排；而孩子可能会认为也可以先玩再做作业。

两者意见不一致时，家长觉得孩子应该已经理解了，为什么不能照着更合理的安排做，孩子分明是在"无理取闹"。其实这是因为孩子安排事情的优先级与成人不一样。要求孩子的认知与成人一样，往往是成人在"无理取闹"，而成人却不曾意识到这一点。

（3）孩子感觉到被责备、被欺骗、被羞辱，哪怕不是家长有意的

家长在跟孩子讲道理的时候，往往语气和情绪让孩子感受

到不被尊重，被责备、被羞辱，或者被欺骗，那么孩子更多地关注在情绪上，而往往谈话的内容变得不那么重要。在情绪的引导下，哪怕孩子觉得有道理，他也不会承认，他首先要保证自己的尊严，于是孩子"无理取闹"的行为就出现了。

那么要如何跟孩子说，才让孩子听得进去，学会听道理？

📖 **先读故事**：我不要什么实验，我要我的冰激凌！

早起打开冰箱，我发现简小妮昨晚带回来的冰激凌融化了，她放在冷藏层，没有放进冷冻室。

我能想象得出简小妮失望抑或生气的样子。我琢磨了一下：不知道"主动出击"会有什么结果？我要来试一试。

到点了，我一如既往地唤醒小姑娘，她一如既往地搂着我的脖子，让我假装陪她睡一分钟。

"我有一个小实验，你要不要看？"

"在哪里？"对实验很感兴趣的小姑娘果然半清醒了，一边揉眼睛一边问。

"在冰箱里。"

"妈妈抱我起来。"临了还是要撒下娇的。

我们出到客厅，简小妮问："在哪儿呢？"

我笑吟吟地从冰箱把塌下去的冰激凌摆在她的面前。

"啊！你把我的冰激凌搞成实验了！"果不出我所料，小姑娘接受不了冰激凌变形的事实。

"不，不，不。"我用抑扬顿挫的声调说：

"从昨晚到现在，你没动过它，我没动过，爸爸也没动过，这个实验是它自己完成的。"

"我不要什么实验!"简小妮气呼呼地说。

"嗯,它现在这个样子,你想尝一口试试吗?"

简小妮看着完全变形,一点都引不起食欲的冰激凌,嘬着嘴摇摇头。

"嗯,我以前尝过化了的冰激凌,确实不好吃,有点像化开洗衣粉的水,所以对冰激凌我有点抗拒。昨天晚上你放进去的时候,我有点想建议你放到冷冻室,不过下面还有些是水,放到冷冻室就会变成冰,我也很好奇,放在冷藏室是什么样,原来会是这个样子。"

简小妮趴在桌子上,不说话,听我说的时候,一会儿脸色平静一些,一会儿很烦躁。

我说:"我有个公式,你要不要看一看?"

我在白板上一边画一边说:"昨天,我们花了35元钱,买了个儿童套餐,你吃了其中的一小碗面和五六根薯条,带回来一杯冰激凌,今天早上它变形了,于是我们有35元=儿童套餐=一小碗面+五六根薯条+变形冰激凌+生气。"

我画完,继续说:"这个公式其实还可以变成35元=一小碗面+五六根薯条+实验+好奇心。你可以在网上找找,冰激凌在什么温度下会化掉,为什么,它的成分是什么。你想选哪个公式?或者你有自己的公式?"

半躺在沙发床上,小姑娘脸色稍霁,我把她抱起来,她自己去拿了笔,画了一个生气的小脸。

"我的公式是这个,生气!"她笑着说。

"那么,我们来看一看,就是35元钱=生气,意思是35元钱买了一个生气?"

于是我们嘻嘻哈哈地笑了半天,评论着每一个项,把早餐吃完,上学去了。

每一个挑战都是学习的机会,每一个可能爆发不愉快的点,都可以成为家长训练自己大脑盖子合上的技能的机会;都可以成为孩子学会管理自己情绪、接纳事实的一个机会。

📖 故事分析与运用:用孩子听得懂的语言培养孩子的理解力

看到孩子可能会"无理取闹"的点,不放任自流,而是采用孩子能听得懂的语言和能理解的游戏,帮助孩子理解。提前做好心理建设,主动想办法,在课堂和咨询中,我们把这个部分称为"吃一堑,长一智"。因为有经验,所以可以设计规避的办法,从而提高孩子的理解力。

家长可以回顾和收集孩子可能出现"无理取闹"的场景,想想原来的处理方式以及效果,先做心理预期。

不说教,也不必直接解释客观现象,而是用好玩的公式、意想不到的方式,让孩子学会适应已经发生的事情。

家长可以通过这个故事的启发,看看你会想到什么可能是你孩子感兴趣的做法,作为意想不到的方式,写下来,未来尝试尝试。

当孩子直接表达自己感受的时候,要允许她的表达,和孩子一起笑,让孩子在平等的氛围中放松,去处理自己的情绪。

家长允许孩子有自己的表达,孩子的情绪更容易得到舒缓。试一试在孩子有自己情绪表达时,允许孩子用他的方式表达,哪怕这不是家长想要的答案,看一看孩子有什么变化。

家长思考题

找到一两个你见过的或者自己孩子"无理取闹"的案例,试着分析并把你的处理流程写下来,也可以发到微信公众号"晓航说",与作者互动。

第 5 章

利用老师、同学等外部环境，让孩子的学习内驱力暴涨

《论语》中子夏曰:"百工居肆以成其事，君子学以致其道。"

华杉在《华杉讲透〈论语〉》中解说道，君子学习一定要有同学，有同道。君子学以致其道，清儒赵佑说，这里的"学"，不是学习，是学校，百工要居于市肆，君子要去学校。有同学，才有学习。学习，不要一个人关在家里十年寒窗，要到学校去，否则，没有人跟你切磋，没有人跟你明辨，没有人跟你一起琢磨，学不成！

家长常常担心其他同学会有坏习气，给自己的孩子带来不良影响。须知我们都生活在一个大社会里，人与人之间的关系是孩子成长的必修课。在成长的道路上，有良师益友，也会有不和谐因素。正是各种不同的因素存在，孩子才有机会去发展分辨是非的能力，去识别不同的观点，在各种实践中发展思辨的能力。

1 让同学成为学习的良伴，帮助孩子发展思辨能力

1. 让孩子与同学来场PK，享受母慈子孝和谐生活

记得有一次孩子在上网课，老师布置了一个课堂小作业："给长大后的自己留言。"

7岁的简小妮不想动笔，她嘟囔着说："真讨厌，又要写。"

我顺嘴答了一句："那你就不写。"

她看了我一眼，笑了一下，在本子上写了几个字："好好学习，天天向上。"

这是她给长大后的自己的留言。

如此敷衍，我刚想出言，忍了忍，没说话。

结果，在分享环节，有一位同学说："我长大以后，我希望能说什么就有什么，我想要一种抗病毒的药，让世界都好起来。"

时逢疫情期间，这个孩子的回答令人眼前一亮，我由衷地赞叹了一声，并抬头看了看简小妮，只见她眼中也充满了欣赏。孩子本性的善良被充满人间真情的话语感动。

我并没有做进一步的要求，课间，我发现她把"好好学习，天天向上"几个字擦掉，重新写了一段话：

"长大后,我想当一名医生,这样,我就可以帮助更多的人,贡献更大。但我不求回报,只希望更多的人健康地活着。我祝福所有的白衣天使,我希望成为他们中的一员!"然后在下面画了个大大的爱心和白衣天使的头像。

有时话留三分,让孩子有机会在与同学互相学习的过程中去发现自己的不足,他会去判断,去比照,自己对比出来的结果往往比家长说的更有说服力。

另外别人好不意味着自己不好,让更多的思想互相碰撞彼此启发,孩子自然会由衷地欣赏他人,并把向别人学习当成自然的事情。

很重要的一点是,家长允许孩子按自己的节奏学习,多花一点时间自己修正,而不是要求立即产生效果,才能够让亲子关系保持在一个良好的平衡中。

2. 把同学当作一面镜子,培养孩子独立思考的能力

中午快放学的时候,一年级的简小妮的老师发来图片信息,图片拍的是一张小纸条,明显是从方格本上撕下来的半页,上面写了一句粗话,还画了一坨便便!

我仔细辨认了一下,不是我娃的字——大大舒了一口气,马上又紧张了,那能是什么事呢?

这时老师语音来了,赶紧点开听!

老师:上语文课的时候,我看到你孩子把那个纸条扔给前面一个同学,然后我就打开,一看就看到了这张纸条。

(家长内心戏:不是我娃的字!!!)

老师：因为语文课上我就没有仔细问她，下课之后呢，我刚才就留下来问了他们一下，说这个纸条是怎么回事。她说，不是她写的，是一个男孩儿写的。然后呢，我说那个纸条怎么就到她那儿了？她说是她捡的那个纸条。然后呢，她说她也在那个纸条上面写了一点。

（家长紧张了，内心戏：还参与了！）

老师：她说她就画了一下，就是那个拼音的地方，那个屎字吧，她说画了一下，我们谈话的时候，又被前面的同学听到了。刚前面同学给我讲，他说这张纸条就是你孩子写的，然后呢，我一看我觉得这个字呢，也确实不太像她的，但是那个前面男孩子坚持说，"我就看到她写了。"

（家长狐疑，内心戏：到底怎么回事嘛？）

老师：我就问她，我说："这个是不是你写的呀？"然后她就哭了。然后她告诉我，说她写了那个拼音，那个地方涂了一下。然后我说，上课的时候做这些是不应该的，而且你看到这个内容应该知道怎么做呀，你怎么会把它捡起来扔给前面同学呢？

（家长内心戏：对啊，无论如何上课不应该，必须好好听课。）

老师：不过她可能还是小，当时觉得遇到这种事情，要把这个纸条还给同学，或者其他想法。我也没有问出她当时是怎么想的，因为我才刚问几句，她就立马哭了，可能她也觉得自己做得不对吧。然后中午这个时间也挺赶的，我也没有再说她，中午的时候你可以再问一下，她当时是怎么想的。

（家长内心戏：哎呀，怎么办呢？怎么这么烦人，明明不是她写的啊，前面那个同学也这么说，老师还抓到她了。我觉得应该不是她的错,她不会的。)

终于简小妮放学了,咯咯笑着冲进家门,大声喊:"妈妈,我回来啦!"

一转眼就冲进来,抱着我亲了几下。

我笑着拉开她的手:"嗯,还很开心嘛,我以为你会哭着回家。"

"为什么?"小姑娘很认真地看着我。

我翻开老师在10分钟前发来的微信,展示了那张图片。

"不是我写的,我跟老师说过了。"

"嗯,我相信不是你写的,你能跟我说说当时是什么情况吗?"

小姑娘一甩手,自顾自地换衣服:"能说的我都说了,是我前面的韦同学写的,我已经把全部的线索事无巨细地提供给老师了。"

"在这个时候还能用成语,看来听的故事很是深入人心啊!"我笑着说。

小姑娘红着眼圈笑了笑。

"我知道你已经提供了,老师也告诉我了,我就是想从当时的场景中了解小朋友们在玩什么。"

小姑娘不说话,我开始在笔记本上画了起来:"这个是你的座位,你坐在这儿,你的同学坐在这儿,然后呢,他把纸条递给你了?"

"对,他转过身来,嘿嘿地笑,不是很大声,是把笑憋在嗓子眼里,然后这样给我的。"小姑娘比画着,她一向喜欢角色扮演,更何况，我这几个小框框已经把她带回了当时的情景中。

"然后呢，你接过来在纸上画了？"我接着问。

"没有，我就是拿过来看。"

"哦，看完了发生了什么事？"

"我就还给他了。"

"哦，我看到这上面有涂改过的拼音，原来那个拼音不是这样的。"

"对，因为屎的拼音是shi，可是他写成sih，我就改了，才还给他的。"

"哦，你还给他的时候是这样拉拉他吗？"

"不是，就是轻轻点了点他。"

"然后呢？"

"老师就看到了，老师就说为什么上课传纸条。"

"哦，是的哦，那么他为什么会想起来写这样不文雅的话呢？"

"就是李同学嘛，他组织的，他说我们来玩写信的游戏。"

哦？又是一个新故事，小朋友之间的小故事还不少啊。

"嗯，这个部分我没听过，你讲讲。"

于是小姑娘把下课的时候，李同学怎么说的，她怎么热心地提供便利贴，写的是什么内容，旁边的同学怎么说的，什么时候打的铃，老师是什么时候进来的，一五一十地告诉了我。

说完了，我明白了，小姑娘也理清了思路。

于是我问她：

"如果现在你是老师，你会做什么？"

"制止。"

"你意思是要制止大家上课传小纸条?"

"对。"

"那么,现在你是其中的一个学生,如果下次还发生这样的事情,你打算怎么做?"

"我会把纸条看完收起来,下课交给老师。"

"哦,我猜,如果把纸条收起来,这个传纸条的事就结束了,传不下去了,对吗?"

"对,我收起来了。"

"嗯,关于下课要不要交给老师,我有一点小看法:如果纸条上的内容是对其他人可能造成伤害的,比如说要打人,要报复,要对某人不利这样的信息,一定要交给老师,让大人们了解正在发生的事;如果纸条上的内容是个人信息,或者是一些隐私,我可能会选择不告诉别人,这里需要我们做一下判断。"

"对,很多事情我们需要思考一下,要自己做出判断。"小姑娘很是赞同。

接着,我和老师一起探讨了关于孩子为什么没有完全说出真相的问题:也许孩子认为她已经说完了,而成人觉得不完全;也许孩子在那当儿就是说不出来。

关于这一点,我有特别深刻的体会:我还记得小时候有一次上语文课,老师讲到扬场机,我突然想到那个转起来的样子,于是两个手比画了起来,老师极生气,当场拂袖而去,跟班主任说我上课跳舞,太不懂事了,还是班长!当班主任责备我的时候,除了哭,我完全不想解释。现在将近四十年过去,我还能清晰地想起来。人在某个时间点的心理起了变化，就是不想解释或者说出来，所以有时候孩子沉默，我也会等待或者先放过去——因为我也有过这时候。

我们还探讨了关于写怪话的孩子如何引导：我往往会请他们换用尊重的说法，来表达他说的那句话；如果他用这个话来表达他的愤怒，那么请他想想，怎么表达能尊重自己也尊重别人。如果就是因为好玩，那么让他当那个听这句话的人，感受一下，他的感受是什么，他想怎么办。

我常常和老师一起探讨类似的问题，于是家长和老师的革命友谊越来越深厚。家校融合目的不是家长投诉，让老师解决问题；也不是老师投诉，让家长收拾孩子，而是家长和老师共同分析问题，帮助孩子成长，互相促进共同成长。

家校融合，不是做表面工作，当家长碰到需要和老师、学校沟通的问题，心平气和，带着好奇的心态："来，有事情发生了，看看我们能在这件事情里学到什么，我们有什么成长和收获？"

而一定要说辩个是非曲直，"一定是你错了""我一定要证明给你看，我没错！"这样的心态并不利于解决问题，更不利于孩子的成长。

其实在这个案例中，我运用了正面管教的方式和方法与孩子沟通，并解决了问题。但很多时候，很多家长通常会采用一种惯常的做法，那么我们尝试看看，这些惯常的做法是如何让孩子进入危机，并关闭沟通之门的：

情景一

正面管教方式

终于简小妮放学了,咯咯笑着冲进家门,大声喊:"妈妈,我回来啦!"

一转眼就冲进来,抱着我亲了几下。

我笑着拉开她的手:"嗯,还很开心嘛,我以为你会哭着回家。"

"为什么?"小姑娘很认真地看着我。

我翻开老师在10分钟前发来的微信,展示了那张图片。

——让学龄期的孩子了解自己所发生的事情并参与解决,是培养解决问题的能力的前提。

惯常做法

"得了你,上课传纸条,被老师批评了,还那么高兴,你说,到底是怎么回事!"

"根本就不是我写的。"

"那是谁?"

"前面那个同学啊。"

"那你为什么没跟老师说?"

"说了啊,我都说了。"

"老师说,没有!"

"没有就没有,反正我说了!"

——责备让沟通之门关闭,也让孩子感觉自己无能。

情景二

正面管教方式

"不是我写的,我跟老师说过了。"

"嗯,我相信不是你写的,你能跟我说说当时是什么情况吗?"

小姑娘一甩手,自顾自地换衣服:"能说的我都说了,是我前面的韦同学写的,我已经把全部的线索事无巨细地提供给老师了。"

"在这个时候还能用成语,看来听的故事很是深入人心啊!"我笑着说。

小姑娘红着眼圈笑了笑。

——出其不意的幽默是一种教养的方式,让孩子放松下来,也让家长放松下来,帮助彼此关注于发生的事情,而不是陷入基于态度的争吵中。

惯常做法

"过来,好好站着,看着我,我跟你说话的时候看着我!听到没有,大人跟你说话,你要懂得尊重大人,看着我的眼睛!"

——关于礼仪的教导,似乎"尊重""看着眼睛"交流,都有提到,然而这种要求恰恰在向孩子示范着什么叫作"不尊重",自然沟通之门会关闭。

情景三

正面管教方式

"我知道你已经提供了,老师也告诉我了,我就是想从当时的场景中了解小朋友们在玩什么。"

小姑娘不说话,我开始在笔记本上画了起来:"这个是你的座位,你坐在这儿,你的同学坐在这儿,然后呢,他把纸条递给你了?"

"对,他转过身来,嘿嘿地笑,不是很大声,是把笑憋在嗓子眼里,然后这样给我的。"

小姑娘比画着,她一向喜欢角色扮演,更何况,我这几个小框框已经把她带回了当时的情景中。

"然后呢,你接过来在纸上画了?"我接着问

"没有,我就是拿过来看。"

——对于学龄的孩子,不仅仅学业是激发孩子勤奋的动力,交往技能与沟通技能也是。

惯常做法

"你为什么要接呢?你不知道在上课吗?上课的时候该做什么你不知道吗?你不会去影响别人?为什么要别人来影响你?!"

——多么正确的教诲,结果是沟通之门关闭。当家长学会用孩子不具备的能力来打击孩子,让孩子罔顾周围的环境以及友情,去做他这个年龄段做不到的事情,就是让孩子不断产生自卑感的过程。

情景四

正面管教方式

"哦,你还给他的时候是这样拉拉他吗?"
"不是,就是轻轻点了点他。"
"然后呢?"
"老师就看到了,老师就说为什么上课传纸条。"

——重现当时场景,帮助家长也帮助孩子真正了解发生的事情,让沟通在同一个频道上。

惯常做法

"对啊,看就看了,你还传回去,你不是在传小纸条,你在干吗?老师都没说错你!不管别人在做什么,上课你要管好自己!"

——往往成人在想当然,认为自己已经了解真相,然后根据自己的臆猜去责备孩子,结果沟通之门从此关闭了。

情景五

正面管教方式

"哦,是的哦,那么他为什么会想起来写这样不文雅的话呢?"

"就是李同学嘛,他组织的,他说我们来玩写信的游戏。"

——用认同的口吻表态,如同朋友聊天,让孩子放松并提供更多的信息,以便家长客观判断。

惯常做法

"又关李同学什么事?我看你们一天到晚就搞这些没用的事,有这些精力好好学习多好,少惹点事!"

——家长不分青红皂白的批评和指责,似乎是在尽教育之责,其实是在随口敷衍,长此以往,孩子只会闭口不谈。

情景六

正面管教方式

哦？又是一个新故事，小朋友之间的小故事还不少啊。

"嗯，这个部分我没听过，你讲讲。"

于是小姑娘把下课的时候，李同学怎么说的，她怎么热心地提供便利贴，写的是什么内容，旁边的同学怎么说的，什么时候打的铃，老师是什么时候进来的，一五一十地告诉了我。

说完了，我明白了，小姑娘也理清了思路。

——用好奇的心态，探索的方式，平等的口气和询问，让孩子不断回想重现，如同看回放一样去审视自己的行为，也让家长真正地了解当时的情形。

惯常做法

"好了，好了，我就知道，都上课了，你还问他写了什么，有什么好问的，下课再玩不行吗？"

"可是那时候没打第二遍铃啊！"

"第一遍就让你们准备了，就应该坐好，其他都得停止！"

——强制要求或给出所谓的指令，其实并没有考虑当时的情景及合理性，往往孩子不会信服，哪怕没有语言反抗，心里已然有成见，避免沟通是孩子最好的选择。

情景七

正面管教方式

于是我问她：

"如果现在你是老师，你会做什么？"

"制止。"

"你意思是要制止大家上课传小纸条？"

"对。"

"那么，现在你是其中的一个学生，如果下次还发生这样的事情，你打算怎么做？"

"我会把纸条看完收起来，下课交给老师。"

"哦，我猜，如果把纸条收起来，这个传纸条的事就结束了，传不下去了，对吗？"

"对，我收起来了。"

"嗯，关于下课要不要交给老师，我有一点小看法：如果纸条上的内容是对其他人可能造成伤害的，比如说要打人，要报复，要对某人不利这样的信息，一定要交给老师，让大人们了解正在发生的事；如果纸条上的内容是个人信息，或者是一些隐私，我可能会选择不告诉别人，这里需要我们做一下判断。"

"对，很多事情我们需要思考一下，要自己做出判断。"小姑娘很是赞同。

——启发式提问，让孩子自己得出答案，再加以经验的引导，让孩子学会关注自己，也关注他人，学会判断不同的情形需要，提高独立思考的能力和判断力。

惯常做法

以上的问句全部都用语速加快、埋怨、责备、要求的方式,用祈使句来一遍,读给自己听,看看你会不会对自己关上耳朵。

我写出来:

"想想看,你就是老师,你会不会制止,这多影响课堂秩序?你下次就不能再这样做,听到没有?你说哪怕你接了纸条,也看了,把它收起来不就行了吗?你不传了,就传不下去了呀!你不传了,老师也不会怪你,对不对?所以说啊,还是要做好自己,苍蝇不叮无缝的蛋,老师批评你,你肯定也有错,你要是不管这事,老师想批评你都轮不上你!你自己好好反省一下!"

——这是典型说教,熟悉吧?嗯,结果就是沟通之门关闭。

家长思考题

1. 你的孩子的年龄处在哪个阶段?你的孩子具备上面的哪些特点?有哪些上面没提到的特点?
2. 你的教养方式有哪些和上面的相同?孩子学到了什么?

2 一个有教练功能的"同学",能让孩子随时随地沉浸在学习中

1. 好玩的互相分享能让孩子不知不觉地学习

在学习的过程中,心理因素是不可忽视的重要部分,其中情绪管理对学习时间安排、对学习任务完成质量和程度都有相当大的影响。

常常有家长说:"我的孩子很敏感,往往因为一点小事不开心,能记很久,我担心时间长了他会不会心理有问题。"

也有家长说:"我的孩子开不起玩笑,本来不是嘲笑他,可是他总觉得别人在嘲笑他。"

还有家长说:"我的孩子心事特别重,什么事都会放在心里想半天,我怕他精神压力太大。"

家长总是想让孩子快乐成长的,然而,孩子不会随时都在快乐中,需要帮助孩子引导自己的情绪。

(1)孩子有情绪时,不同表现的几种原因

1)孩子的先天气质不同

心理学把人的气质分为四类:活泼型的多血质、安静型的黏液质、兴奋型的胆汁质、抑制型的抑郁质。

古希腊伯里克利时代的医师希波克拉底（Hippocrates）早在公元前就提出了体液（humours）学说，希波克拉底认为，人的肌体是由血液（blood）、黏液（phlegm）、黄胆汁（yellow bile）和黑胆汁（black bile）这四种体液组成的。这四种体液在人体内的混合比例是不同的，从而使人具有不同的气质类型：多血质、黏液质、胆汁质和抑郁质。

其后，古罗马时期最著名、最有影响的医学大师克劳迪亚斯·盖伦（Claudius Galenus）在这个基础上，提出了人格类型的概念。盖伦还提出了气质这一概念，用气质代替了希波克拉底体液理论中的人格，形成了4种气质学说，此分类方式一直在心理学中沿用至今。

简单地区分幼儿属于哪一种先天气质，可以用一个给面包的小实验来进行。

幼儿正在吃着可口的面包，通过实验员拿走孩子面包，可以观察到这四种气质幼儿的不同表现：

多血质的孩子，会立即大哭，如果此刻把面包给回他，他会停止哭泣，继续吃面包；

胆汁质的孩子，会立即大哭大闹，虽然面包给回来了，他仍然大哭大闹，长时间哄劝也很难平静，可能有其他破坏行为；

黏液质的孩子，不会哭，如果面包给回来，会继续吃面包；

抑郁质的孩子，不会哭，面包给回来之后，也不会再吃面包了。

当然没有孩子是纯粹只有一种先天气质，通常是几种气质混合但某种占优，所以通常会看到孩子在同样的环境下，遇到同样的事情，其反应和表现并不相同。

2）孩子得到的后天训练不同

很多时候，家长更多地关注了孩子的表现不同，去追寻原因，当了解孩子的先天气质不同之后，似乎就找到了根源，从而给孩子贴上了标签"他就是这样的"。

殊不知，孩子的先天性格只占整个性格构成的20%，更多是后天形成，其中包括私人逻辑，也是孩子在后天环境中形成的信念。

那么如何帮助孩子，还是先来读故事。

📖 先读故事：一年前的事，我现在想起来还不舒服

吃饭的时候，简小妮吃着吃着，跟我说了一件事，我在构思第二天的课程部分，没太注意，有些部分也没听清，她快说完的时候，叹了一声：

"当时好尴尬啊。"

我的注意力被这个词牵住了：

"哦，谁啊？谁尴尬？"

"我啊。"

"是她没认出你，还是你没认出她？"我把听到的片言只语组织了一下。

"就是走秀那天碰到蓓蓓了，你问我'你看看这是谁？'，我一下就大喊'薇薇'！"

"哦，你把蓓蓓错认成薇薇了。"

"对，当时真的好尴尬。"

"你是觉得自己尴尬，还是让蓓蓓尴尬了？"

"我自己很尴尬。"简小妮很郁闷的表情。

我回想了一下，这应该是一年前的事了，这个娃是怎么想起来的呢？我突然想到心智测试题里我常常给测评孩子的一道题："当你做了错事或者囧事，你会为此内疚很久吗？"嗯，我需要做点什么了。

我说："所以这件事你一直记得？"

"对。"

"这个尴尬像个小石子在你的鞋子里硌了你的脚一下，硌得你心里不舒服？"

"对！"

"或者像棉花糖掉在你胸口，一直粘在那儿，腻腻地去不掉？"

"对！！"

"嗯，也许人们常常都会有这种感觉，因为不同的事。当我有这种感觉的时候，我会想办法把小石子倒出去或者把那一小点棉花糖变成一小股烟，'噗'的一下吹散掉。"

简小妮看着我，眼神一点一点变得好玩，期待。

"我也许会说'瞧，我老眼昏花，认错人了，呵呵呵'，自嘲一下。"简小妮笑了。

"我也许会说'你俩长得可真像啊，你们要站在一起别人会以为是双胞胎。'"简小妮越发乐了。

"每个人在长大的过程中，都会有各种各样的判断不到位的事情发生，我小时候也有过很多次让我很尴尬的事。"

"真的吗？你说给我听。"果然听妈妈说过去的事，是孩子的最爱。

"太多啦，我从小长那么大，得碰到多少囧事啊。"我此刻的脑子分不出来回忆往事，完全被第二天的课占满了。

"就说一个。"简小妮恳切地说。

我想了想，说了一件事。

"从这件事，我就学会了把小石子从鞋子里倒出去啦。"

"嗯，倒小石子。"简小妮模仿了一下倒的动作，嘻嘻哈哈地帮我描述细节，我知道她的小石子已经从鞋子里倒出去了。

📖 故事分析与运用：培养孩子系统思维能力

简小妮在描述事情的时候，我因为自己的思路，没有留意到孩子，之后我又做了全神贯注的倾听。

在这里有两个可关注的点：第一个是每个人都是独立个体，都有自己的工作和情绪，妈妈无须随时关注到孩子，就如同孩子无须随时回应家长一样；第二个是当家长发现孩子需要帮助时，可以选择先关注孩子，因为孩子的自助能力尚未完全培养出来，而家长已经具备的自助力能帮助自己更容易回到被打断的工作中。

家长可以观察孩子需要成人帮助的情形通常有哪些，在这些场景里优先帮助孩子，而在孩子不需要帮助的地方尽量少地打扰孩子。

家长可以运用反射式倾听，在不断询问的过程中去完成倾听，并且把自己的理解讲出来，让孩子来证实，在这个过程中，孩子的情绪已经得到舒缓，并且得到充分表达。要注意避免无用的"安慰"，例如："这有啥呀？不值得你记那么久吧？""这很正常啊，没什么的。"这样的话语都有可能让孩子贬低自己。

运用1：家长可以在孩子描述事情的时候，仿照故事的方法，去运用反射式倾听，让孩子学会表达自己的情绪。

也可以用好玩的比喻，也就是常说的游戏力，用分享的方式来训练孩子。在这里避免了说教，包括"我来教你""我告诉你哦""你要……"之类以过来人身份教育孩子的方式，通常这种盛气凌人的方式是孩子很厌恶的。

运用2：家长可以分享自己的经验，尽量用平和的语气，像对自己朋友讲述一样，不过分美化自己的历史，也不必对自己以前的糗事过于夸大，真实地呈现曾经的经历，让孩子从中找到自己可以借鉴的地方，教育就已经完成了。

> **家长思考题**
>
> 找到一两个你见过的或者自己孩子"有情绪"的案例，试着分析并把你的处理流程写下来，也可以发到微信公众号"晓航说"，与作者互动。

2. 做孩子忠实的"粉丝"，激发孩子进步以及学习的勇气

我在答疑的时候，常常看到家长这样的问题：

"我家孩子语文一直学不好，总也不爱写和背。"

"我家孩子从来都不自觉。"

"我家孩子就没有努力过。"

在家长描述问题的时候,"总也""从来""就没有"这样的程度副词表达了家长的焦虑,当然也反映了家长看待孩子的一种方式。

在课堂上,我常让家长们看看下面的这张图,问问他们看到了什么?

有家长说看到了一个少女,有家长说看到了一个老妇人。听到其他家长看到的和自己不一样,小伙伴每每都会问:"在哪里?哪个是?"之后恍然大悟。

在这里,这个图片更多地代表不同的角度,你的认知和角度不同,得到的结论不同,想法不同,做法就会不一样,由此对孩子的影响也会不一样。

《正面管教》一书作者简·尼尔森博士曾经说过,孩子可能有85%是优点,15%是缺点,当家长把85%的时间和精力都用于关注孩子15%的消极方面时,消极方面就会膨胀,而积极方面不久就会消失。另外,如果家长用85%的时间和精力来认可和鼓励积极的方面,那么消极方面也会很快消失,而积极方面就会增长。

当孩子表现出某种可能的问题,家长希望纠正孩子,结果下一次发现孩子还出现同样的问题,就判定孩子"总是""一直"是这样,那么家长的想法或者语言就会不断地让孩子感受到自己就是这样的,从而真的变成了这样,如家长"所愿"。

不但看到孩子的优点,也帮助孩子看到他自己所拥有的优点和他的进步,就能让孩子不断获得学习的勇气和动力。

有个很简单的活动,家长可以和孩子一起来完成。

拿一张大白纸挂在孩子房间的墙上,让孩子贴近白纸,把孩子的轮廓勾在白纸上,把你看到的孩子的优点写在轮廓外,请孩子把他看到的自己的优点写在轮廓内,并且每天都可以从孩子做的事情去寻找你看到的特点和优点,不断增加在白纸上。

慢慢地,你会发现跟在"总是""一直"后面的内容变化了,孩子也变化了。

我曾经让孩子在一些很不起眼的小事上去体会她已经获得的"成就"。

有一次,我和6岁的简小妮玩思维导图训练游戏,她选了圆圈和气泡图。

刚开始画第一个图的时候,她就开始噘嘴:"我想要画成你那样的。"

我知道她一向对自己画画甚是不满,于是我也噘嘴:"我想要画成你那样的。"几个回合以后,我们有了解决方案,那就是:我们都喜欢对方的作品,互换!画着画着,她又来了:"我想要你的那个lollipop(棒棒糖)"

"我也想要你那个lollipop,那我们再换回来?"

"可是我还想要这个毛毛虫!"

我强迫自己从崩溃的悬崖上把马拉回来"嗯,你想怎么解决这个问题好呢?"

"……我想要你那个……"于是她开始哼哼唧唧,"……我想要你那个……"再哼哼唧唧,一遍又一遍,不绝于耳。

如同刘墉陪乾隆下了半天棋的我实在忍不住把笔一放:"要不咱不玩了,你这样哼唧我实在很心烦。"小家伙无动于衷,不收拾也不说继续,坐着生闷气,一会儿开始掉起泪来。

我收也不是,不收也不是,平静了一下自己:"你画的有你画的好,我画的也有我的好,你怎么才能变成我呢?"

这时,我突然想起一件事,说:"你刚开始跳绳的时候也跳不过去,哭了一场,后来继续练习就会跳了,现在是不是需要哭一场再继续画?"

她不说话,眼泪继续大滴大滴地往下掉。

我又想起了更多的事,于是开始数:"你现在已经认识110个词了,练功可以把腿搬过头顶了,你拼了三个复杂的大城堡了,你的公文数学做到120了,你会写26个字母了,你能讲很多英文了……"

我数着,她听着,我接着说:"这些本领都是你因为别人比你好而怄气,然后就自己会的?"

"不是。"她擦了一把眼泪。

"那是怎么学会的?"

"练习。"

"嗯,遇到困难,觉得难过,可以哭一会儿,哭完了继续练习,现在你是要自己坐着哭还是妈妈抱着哭会儿?"

"妈妈抱。"于是她爬到我怀里。

我问:"你觉得自己还有什么能干的?"

"记性很好。"

"嗯,还有吗?"

"自己下楼扔垃圾,领妈妈过马路……"我们讨论了一会儿她的"优点清单"之后,她灵感大发,我的气泡图也是她帮忙完成的。

我在和孩子讨论她的优点或是已经做到的事情时,用的是客观描述的方式,不夸大,不贬低,不评判,只是把做到的事情描述出来。

当然,这个过程中最不需要做的,就是用物质奖励,因为完成事情本身,对孩子就是最大的奖赏。

走在放学的路上,七岁的简小妮说这说那,突然来了一句:"妈妈,我实在忍不住了,告诉你吧,我语文考了一百分!"

"真的?作文也满分呀?!"

"对啊,你知道吗?作文有三个要求……"

于是她很兴奋地跟我分析作文的要求,她的想法以及老师的点评。

看她滔滔不绝的样子,我由衷地分享着她的快乐:

"看来,写作文的要领已经被你很好地掌握了呢。"

说着,我们顺便拐进面包房,买第二天的早餐原料。可巧,她的几个同学也在,于是小孩们聊起了天。

听得一个小同学问:"你这次语文考了多少分?"

她镇定地回答:"一百分。"

"哇,一百分哦!"几个羡慕的声音。

又一个同学说:"那你妈妈是来买蛋糕奖励你的吗?"

我很留意她的神情，只听得她说："不是，就是买明天的早餐。"

后来，我不那么刻意地跟她聊起这个话题：

"平时，你们小朋友考了好成绩，他们妈妈都会给奖励吗？"

"应该有吧，大多数会有。"

"那你考试考好了，妈妈从来也没给过奖励，你会怎么想？"

"挺好啊。"

"为什么呢？"我追问。

"我平时想要什么都可以买，妈妈给我买或者用我的零花钱买，不需要奖励啊。"

"哦，原来你不缺啊。那么刚才你跟我讲了你考一百分的事的时候，说了很多细节，你当时的感受是什么？"

"快乐啊，我想都说给你听。"

"嗯，我听了也很高兴。那么没有奖励，这些快乐会不会减少？"

"不会。"

"那么如果有奖励，这些快乐会不会增加？"

她想了一想："不会。"

"所以，你的意思是，考好了，本身就是一件快乐的事，可以分享，但是和奖励没有关系？"

"对啊，而且如果这次考好了有奖励，下次没有奖励，就不开心了。就变得为了奖励去考好成绩了。"

接着她说了一堆关于奖励的小金句：

"如果妈妈平时给奖励，妈妈出差了，爸爸不给奖励，那学习就变得没劲了。"

"奖励学习是没有办法的爸爸妈妈，才用的办法。"

"奖励了也不一定能考好，不奖励也不一定考不好。"

……

我们一路笑着就回去了。

孩子的角度倒也让我有不少的思考：

常常耳濡目染，七八岁的孩子有这样的看法倒也不奇怪，这也恰好说明家庭对孩子的影响力。

孩子是不是没有奖励就没有动力，这个真的需要家长们深入思考。往往用奖励来驱使孩子学习，是家长偷懒的一大表现，家长其实是用物质这个外驱力来驱使孩子做他本来很乐意的事情，结果外驱力替代了内驱力之后，内驱力逐渐消失。这时，若是外驱力失去（孩子不再需要奖励或者奖励不足够），那么孩子当然失去了动力。

孩子考了好成绩，家长给孩子的奖励是奖励了孩子还是奖励了自己？也许更深层的内在动机，是家长在奖励自己愉悦的心情，并以物质代替自己真诚的欣赏，后果却是打击了孩子原有的驱动力，偏移了学习的目标。

3. 家长这样做，就能成为孩子学习上的"增高垫"

孩子自己选的兴趣班，不想上了？家长很烦恼这个事情，明明是自己选的，家长也没干涉，到底要不要让他坚持？

坚持：如果孩子真的不感兴趣，白白浪费时间，浪费学费，孩子也没培养出什么来。

不坚持：如果每一个兴趣班都这样，那孩子会不会遇到一点困难就随意放弃？将来一点韧性都没有，终会一事无成。

到底要怎么办好？

📖 先读故事：我不想上舞蹈班了

我准备出门了，正在练琴的简小妮跑过来抱着我：

"妈妈，下个学期我不想上舞蹈课了，你不要给我报了，好吗？"

"哦，为什么呢？"

"老师总是骂人，我觉得现在已经会直立身体了，没必要总听老师凶'挺直腰！'"

"哦，我听到你说的事了，咱们再讨论这个事啊，我得出门了。"

我们互相拥抱了一下。

我一路在琢磨，要不要继续上的问题。

要不，不上？

其实可以不上，不上的话能省出两天晚上来，接送很是麻烦呢，真是能大大松一口气。

可是不上，现在的兴趣班并不多，而且现在的小身形并不能保证一直保持挺拔呀。

那就上？

可是，孩子就是不喜欢老师凶呢，不上可以让孩子也轻松一点，这也是好事。

凶的定义有很多种，在练习的过程中，每一种严格的要求都可以被孩子定义为凶，那么每一种凶都不能承受，每一项学习都会被放弃。

几个念头来回转了几圈，嗯，孩子的事还是要交给她处理。

晚间，卧谈会之前，我们进行了一场谈话，并且做了分析图。

"我们一起来讨论上午你说到的事情，怎么样？"

"好！"

"先来看看，练习舞蹈的目的是什么，也就是你想从学习里面得到什么？"

"嗯……"

我们一起讨论出了三个目的：让自己身姿挺拔；让自己姿态优雅；让自己保持漂亮的体形。

我们又一起讨论了不想继续学习的原因，也就是不想要的是什么。

"是老师很凶，老师会骂人，我很紧张。"

接着我们讨论了解决方案：

第一个：停止学习，下学期不报课了。

第二个：换一个老师教。

第三个：换一个机构学习。

第四个：继续报课，回家以后找妈妈说说老师骂人了，让妈妈帮忙疏理情绪。

那么到底要怎么办呢？

我们针对解决方案一个一个地讨论这种解决方案会带来什么结果：

① 如果停止学习，那么是不会被骂了，心情会愉快；不练习之后，肌肉也可能会忘记曾经做过的事情，慢慢地身体也可以不再挺拔，也可能心情会沮丧，这个方案就是因为他人的做法而放

弃自己想要的东西。

② 换一个老师教，有可能另一个老师也会骂人，而且还不一定有现在的老师好。

③ 换一个机构学习，那个机构老师也可能会骂人，而且其他机构很可能没有古典的跳法，所以简小妮又在想要的那一栏里加了一项：古典音乐的熏陶。

④ 继续学习，回来找妈妈。这样可以继续学习，能得到想要的东西，老师骂完，心情糟糕，就回来让妈妈帮忙，把掉到谷底的心情捞上来。

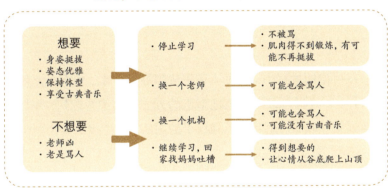

看着上面的分析图，简小妮咯咯笑了，她最后得出了自己的结论：我还是继续学习比较好。

📖 故事分析与运用：培养系统思维能力

当简小妮提出自己想法的时候，我没有马上给出答案，这样可以给自己充分的时间好好考虑哦。

运用1：家长们可以对应相似的场景，在这个场景里，孩子可能提出想法和要求，如果出乎自己的意料，可以采用暂停、上洗手间、换个时间再聊的办法，让自己有充分的时间考虑考虑哦。

和孩子一起讨论这件事的两个面，让孩子充分参与，让孩子可以有机会思考，有机会做决定。——有参与才有积极能动性，有思考才能发展大局观，有选择和决定的机会才能培养孩子的自信心。

运用2：很多事情都有利与弊、正与反的两面性，家长可以找一件你和孩子可能意见不同的事情，参照以上的讨论法，找出两面的影响因素，让孩子学习做取舍。

在讨论的过程中，把每一个想法都写了下来，并不去评判其对错好坏，这样可以充分地把事情的方方面面都考虑到，并且可以做到相互倾听，让家长听到孩子的想法，也让孩子学会倾听别人的想法，然后再做决定。

运用3：每个人的想法都有价值和意义，倾听很重要，家长要先学会倾听孩子，做好倾听的榜样，孩子才能学会听家长的话，学会合作。家长试着找一件事情，让孩子充分地说而不评价，看看能发现什么之前没有发现的事情。

家长思考题

以下是一个真实案例,家长看完之后,可以参照故事的方法,进行分析,把自己的想法发到微信公众号"晓航说",与作者互动。

我儿子同学的作业没完成,被新来的数学老师罚写一张课外试卷,他求我儿子帮忙,并提出付代写费20元。

中午一吃完饭,我儿子就躲在房间主动写课外习题。开始我还窃喜,以为他主动学习呢,后来了解到是帮这样的忙后,我是持反对意见的,并和他分析利弊,孩子也认为自己非常"有道理":第一,同学是主动找的我,因我数学还不错又不爱向老师打小报告;第二,我写课外试卷同时也得到了巩固练习;同学是主动要求付辛苦费的,而且用的是我花自己钱买的试卷……

下午放学后,儿子还给我看他"挣"的钱。我让他明天把钱还给同学,他表示很不同意。

如果是你,你会怎么办呢?参照故事的方法分析一下,或者直接和差不多年龄的孩子试着讨论一下吧。

第 6 章

那些"无用的学习",也能成为孩子学习内驱力的源泉

越是期望孩子有所作为,成人越是"功利"。因为深谙时间宝贵,家长常常要求孩子抓紧每一分每一秒在"有用"的学习上。所谓"有用",通常会有能让孩子拿得出手,可以在人前炫耀,或是为考学加分等的实际效用。

其实生活中,"有用"的学习只是一部分,甚至对某些孩子来说是一小部分,如果家长过于看重"有用"的学习,甚至于把它扩展成生活的最大重心甚至于全部,并不利于孩子的成长。我们看到的一些因为考试、升学成绩不佳而发生的悲剧常根源于此。

所以,让孩子的生活丰富起来,全方位多角度地学习,无论这些学习是不是此刻就有产出,无论这些学习是不是马上给孩子带来眼前的好处,从孩子健康成长的角度出发,应将"无用"的学习渗入孩子的生活,让孩子拥有完整的学习力。

1 用零花钱创设"情景学习",让孩子对学习欲罢不能

1. 不奖励不惩罚,"零花钱"这个强大的工具能让孩子学会规划人生

要不要给孩子零花钱,如何给?这似乎是个很家庭化的问题,跟家长的金钱观、价值观有关系,并没有绝对的对与错。

有些家庭会通过让孩子做家务的方式付给孩子报酬,把这些报酬当成零花钱。有些家庭希望通过零花钱来树立孩子的行为规范,根据孩子表现来给零花钱,做得好就多给,表现不好就少给或者扣钱。

第一种方式,家长的出发点是让孩子了解有付出才有收获,要想获得报酬就要付出劳动,就跟爸爸妈妈上班一样。然而,家长忘记了,家务与社会劳动还是有相当大的区别的,爸爸妈妈做家务没有人给报酬,而孩子做家务有报酬,这一点是不公平的,而且会给孩子概念,做了就得有报酬,未来没有报酬就不会去做事情,这一点不利于孩子未来在工作以及家庭生活中正确地看待付出与收获。(关于家务活的意义和安排在下一节会详细讨论。)

第二种方式，会引起许多不必要的麻烦和纷争，譬如，如何界定什么是表现好，如果家长和孩子对表现"好"的看法不一致如何解决，孩子有可能会为了表现"好"，拿到零花钱而弄虚作假，也可能会不屑，会报复，等等。

也许是看到了第一种和第二种方式的问题，也有家庭会选择不给孩子零花钱，当孩子需要的时候由家长负责采买家长认为应该给孩子的东西，结果孩子没有一点点用钱的余地，缺失了一个训练能力的好机会。

其实零花钱如果能够运用得好，给孩子带来的影响是长远而有益的。

那么如何界定零花钱呢？

如果把零花钱就当成一个工具，一个训练孩子财商及相关能力的工具，这个问题就很好解决了。

把训练使用零花钱的过程当成如同某个兴趣班的课程，那么零花钱就相当于教具，是孩子学习的必需品。那么给零花钱就不需要做家务或者其他理由了，正如上兴趣班所需的教材或者器具不需要孩子用其他方式来换取。

那么零花钱这门财商课的教学目的是什么呢？

简单来说，有三点：

让孩子学会花钱的同时，学会做出选择，并做出决定。

让孩子学会攒钱的同时，学会考虑他人，学会分享。

让孩子学会赚钱的同时，学会贡献自我价值。

(1) 学会花钱，会选择（会做决定）

我刚开始接触正面管教的时候，就知道零花钱是一个很重要的工具，能培养孩子的财商、责任感、自主性、选择能力等，所以在孩子很小的时候我就希望她快一点长大，好让我实施这个工具。

好不容易等到她上幼儿园了，我想这样的机会终于来了，我可以开始给她零花钱了。

为什么呢？有一段时间我发现带她出去玩的时候，她会对路边卖的豆浆啊包子啊感兴趣，有时走过小店，她就想买QQ糖、零食什么的。

我曾经试过去接她的时候把零食带上，让她在路上吃，可是她不要，她就是想要买。

此刻我就了解了，她不是想要吃，她就是想要体验那种去挑选，做决定，接着把钱递出去，然后换回来自己想要的东西的那种乐趣。

想来这也就是与我们成人买买买一样的心理，不一定是真的需要，就是享受那个交换以及得到的过程。

这下刚刚好，我可以给零花钱了。所以常常有家长问我，要用一个什么契机给孩子零花钱，大家可以去观察，比如刚刚那种情形，并不是想吃，就是想买；或者有些大点的孩子，从小没给过零花钱，现在有要自由的需求，偷偷拿父母的钱，这些都是契机。

好，既然时机到了，要给零花钱，就需要考虑一下怎么给。

因为这个时候她还是小班，才三岁多一点，对数基本没有概念，所以只能一天一天地给，那么一天给多少呢？

我和爸爸商量，之所以商量是要大家达成共识，方便后面统一行动。对于一天给一块还是两块零花钱，爸爸的态度是随便，都可以。我就琢磨了，这个孩子这个时候比较热衷的有两样，一个是买QQ糖，一个是去坐摇摇车，就是投了一个币，就在那摇个半分钟一分钟，然后就下来的那种。

如果一天给她两元钱，两件事都能办到，她不需要做任何选择，所以我决定给她也给我自己设一个小坎，让她有机会做选择，让我有机会观察孩子。

有一天，我们真的碰到了这样的问题，她早上路过小区的时候，说要喝豆浆，喝完豆浆以后，就只剩下五角钱了，等到她下午回来的时候再去买糖，钱是不够的。但她不了解什么叫不够，我就真的让她自己拿着钱到柜台上去，然后那个收银员就会告她说钱不够。然后我们出来门以后，她发现，真的没买成，糖没到手里，开始哭："我要买QQ糖，买QQ糖。"我也不着急，就抱着她，摸摸她，安慰她，也允许她哭。

于是在这样平静的氛围里，她知道了钱不够是真的办不成事儿，而且这个概念通过一次又一次发生类似的事情之后巩固下来了。

所以她了解到钱是有限的，没有了就办不成，所以要做选择，要做决定。

随着她年龄增长，对数有概念之后，零花钱从一天一给，改成一周一给，也就是让她一口气有了五元钱，现在是一口气把一个月的都给了，那么她的选择余地变大了，当然犯错误的机会也就多了。

某一次她特别特别想买一个看到的小打气筒和气球，我一看价格相对偏贵，十元钱一小套，如果是在某宝或者在大一点的市场，大约就是三元钱。所以我跟她确认两次，我说："你确定要在这儿买吗？""嗯，我要！"她很坚决，然后我提醒她，这需要花掉两个星期的零花钱呢。

她说:"好,我知道。"

回到家,她刚玩了两下,气球质量不好就爆掉了,她爸爸就不允许她玩了,她特别懊恼:"妈妈,我真的不应该买这小套东西,浪费了。"

还记得有一段时间外出学习,孩子每周都会在另一个城市住一晚,这一晚我们会额外地吃些平时不太吃的小食。

连续两周,她都点了奶茶,每次大约都只喝了两口就不喝了。

第三周,我跟她商量:

"我今天不打算点奶茶了,因为每次都只喝两口,浪费掉了。"

"我要喝!"

我试图从奶茶的不健康角度说服孩子,孩子不同意。

"这样吧,我坚持我自己的做法,你也可以坚持你的想法,可以用你自己的零花钱给自己买。"

"好的。"

这一次,她把奶茶都喝了,最后做了一个决定:下次不点奶茶了,原因是有点不好喝。

"以后我要花钱买好喝一点的,太浪费了。"

这样几次之后,她在买东西之前都会先盘算一会儿,然后来跟我说:"妈妈,我决定了,我要买。"或者是跟我说"这个我还是不要了,我想买另一个什么什么",然后把理由说给我听。

孩子的经验往往来自能够自主地选择和决定,唯有做自己的决定,她才会把关注点放在事情本身上,而不是放在亲子关系的对抗上。

我也常常在买东西的时候和她一起做价格比较:"同样的价

格在某个地方可以买三套还多一点。"

以后她就学会了，看到什么喜欢的东西，就让我看一看性价比如何，于是货比三家的概念开始在她心里生根发芽了。

（2）学会攒钱，会考虑他人（会分享）

孩子为什么要攒钱，一定要给她理由。在简小妮上学之后，有一天，她看动画片，中间插播广告，她就开始说："妈妈，妈妈，你快看，那个冰激凌多漂亮，是蝴蝶的，我也要买。"

我心里一咯噔，好嘛，又看中一样，又要买，我只回答："嗯，那个蝴蝶的颜色真漂亮哦。"

过一会儿，她又喊："妈妈，妈妈，快看，那样的积木，嗒嗒嗒的，好好玩啊，我也要买。"

我一边回答她："哦，我听到你说了，要买那个玩具。"

这时候我突然有个念头：让礼物排队。

等她看完电视，我就开始跟她商量："现在咱们来商量一件事，怎么样？"

"好。"

"我们来看看，你现在都想要什么玩具？"

"BBQ小厨师体验组、超市收银体验组、冰激凌盒、积木……"慢慢地说了有七八样。

我加了一个："还有过生日要买的小礼服。"

"对。"

然后我就带她到挂历那儿，我说："如果这么多礼物都买，我的天啊，家里都堆成山了，我们简直要把超市搬回家。"

我一边比画，她就一边笑，然后"搬超市"就变成我们的暗语。

然后我就接着说:"这样吧,我们来排队,你想要的玩具都可以买,一个月只买一样,我们来排一排吧。"

于是我们就一个月一个月地排,排到了第二年,"哇,好长的队啊,以后你再有想买的,就把它写到后面去,一样一样地买哦。"

然后我们还约定:已经买过的就不要再买了。因为她以前有过钓鱼玩具,伯伯送的,玩啊玩把杆弄断了,她对玩惯的东西有印象,后来看到又让买,还因此发生过不愉快。我估计很多家长也会有同样的烦恼,同样或者类似的玩具有很多,所以让孩子自己攒钱或者排队来决定买什么,这个问题会得到很好的解决。

这个玩具排队表我们一直持续到现在,她随时都可以看到新玩具,随时都让我看,我也很配合地跟她研究,她还学会了一句话"都可以买,排队就可以"。

结果,你会发现,孩子的想法不一定会持续很久,说不定她下个月就不喜欢这个玩具了,也有可能更喜欢其他了。

而孩子呢,在这个不断攒钱买自己喜欢的礼物的过程中,其实有很多不同的事情发生。通过引导,孩子会把攒的钱用到更多不同的用途上,比如,我女儿就曾经把攒了一学期的钱,在暑假去研学的时候给家里的老人家买手信,去参加她喜欢的额外活动,当然也请我吃过哈根达斯。

所以能够支配钱的感觉真好,可以办成很多事,孩子不仅有掌控感,也能学会去处理人际关系。

(3)学会赚钱,学会贡献自我价值

既然学会了花钱,还学会给其他家人买东西,有了这么多用途以后,攒的钱一定是有不够花的时候,那就有机会让孩子学赚钱,怎么赚钱呢?

首先我们会给孩子提供一些赚钱的机会，但是这些机会呢，都不会跟家务活或是奖励相关。

那跟什么有关呢？跟孩子为别人提供什么帮助相关。

比如说，简小妮经常在我们工作室，负责给老师们拿外卖或者打包，本来我们这个外卖是要给外卖小哥费用的，现在省掉了外卖小哥的费用，这个费用就可以给她，那就是额外的工作。而且我们不用她，也会用其他人，也同样要花这个费用，所以呢，我们就把这个费用给她，她就可以赚到这个钱；那么在家庭里呢，我们也常常会让她走去拿快递，拿快递也是同样道理，不是孩子必须要做的事情，不是她应该承担的家务活，是她额外地给他人提供了帮助，所以，这个也是她能够赚到的钱。

简小妮经常会到工作室，参与我的工作或者是参与我的课堂，所以她常常会发出这样的感慨，说："妈妈我觉得你的职业，真的是目前我见过的最好的职业。"当然她没见过什么太多其他的工作，她说能够帮助这么多的人，让他们有不同的想法，然后还能赚到钱。然后我就因此而引导她，我说："人之所以可以得到回报，是因为你提供了价值，而不是因为卖出去了自己想要卖出去的东西。比如，我们现在需要一个外卖员，帮助我们节省下楼等候和走路的时间，而你恰好可以提供这个帮助，你就有价值了，所以获得回报心安理得。如果你现在自己做了一些头花，是你的辛勤付出，然而我们并不需要，你一直在推销，说这些头花很漂亮很好啊，你做得很用心，但也很难让我们心甘情愿地买。所以观察别人的需要，并且为他人提供你满足别人需要的价值，那么你的机会就来了。"所以通过生活体验，孩子会有一个比较确定的价值观在心里形成：我要为别人提供他们需要的，这才是我的价值所在。

好，讲完了三个基本概念的故事，我们来看看成人可以怎么做：

设置零花钱，但不与家务、学习奖励挂钩。

让孩子玩钱的游戏。

成人对钱要有概念。

设置零花钱的好处，我们在前面讲了，那为什么不与家务放在一起呢？因为家务活是家庭成员每个人都应尽的义务，作为家庭成员之一，每个人都应该有机会为家庭做贡献。另外家长们作为最先组成这个家庭的成员，他们做家务，没有人给钱，那么孩子作为平等的一员，也不应该有钱。关于家务活的安排，我们在课堂上讲过很多次了，所有家庭成员可以坐在一起进行头脑风暴，列个家务活清单，然后大家来选择适合自己的，自己喜欢的那一项工作，可以每周轮换，也可以按大家约定的方式来轮换。

我想，做这个活动，很多时候，单是把家务清单列出来，也许每位家庭成员都会有触动，原来每一天，承担这些家务活的家庭成员，都在默默付出那么多。

那么除了感恩，孩子还能在这里学会什么？特别建议家长和孩子做一做这个活动，去体会一下。

关于学习奖励，又是一个大的话题，基本原则就是不给孩子物质奖励。

那么会有家长问，为什么要给孩子零花钱？用什么名义给？

我在开篇有一句话：零花钱是一个很重要的工具，能培养孩子的财商、责任感、自主性、选择能力等。

所以零花钱就是为了培养孩子的能力专门设置的一个工具，就如同我们和孩子玩的一个游戏一样。

也许我们很多成人自己对钱也没有太多的概念，钱要如何安排，是忙于应付当前生活，之后就攒起来呢？还是先做好目标，做好收支规则，然后开始管理钱？作为成人，这是每个人都必须具备的能力。

我们无法把自己没有的东西教给孩子，所以我们得先具备，才能让孩子在生活中习得。

家长实例

刚上小学不久，儿子就闹了一个笑话。

数学公开课上，老师问铅笔和书分别多少钱，他回答："一支铅笔10元钱，一本书5角钱！"

当时听课的人哄堂大笑，坐在后排的我感觉有点尴尬。

回家之后想想，这事还是得怨我们，这么大的孩子没给过零花钱，也难怪他对钱一点概念都没有。

于是我们开始每周给他10元钱做零花钱。

虽名为儿子的零花钱，但实际掌管人还是我们：平时放在他够不到的地方，要表现很好才能拿到；如果他做错事或者被老师批评，要视情况扣钱；他要花钱的时候，必须经过我们的同意。

一开始这些规定还实行得不错，儿子倒是不再在物品价格上闹笑话了，但慢慢地我发现事情有点变味儿了——

儿子尝试着跟我"讨价还价":"妈妈,如果我这周表现特别特别好,是上一周的两倍那么好,那我这周能不能拿20元钱?"

有一次因为被老师批评,儿子当周的零花钱被扣掉了一半,他就开始"消极怠工":收拾书柜非常敷衍,洗碗也总有没洗干净的,甚至还有两次把碗打破了。

当时的我不知道问题出在哪里,直至学习了正面管教中关于零花钱的部分,才发现自己掉进了把零花钱当作"奖惩工具"的陷阱,孩子不但不能从管理零花钱中学到东西,还变得斤斤计较甚至产生了放纵和报复的心理。

痛定思痛,我们跟儿子一起召开了家庭会议,制定了"零花钱协议"。

这份协议很简单:每周我们把10元钱放到儿子的储蓄罐里,儿子可以自由取用,但必须列出购物清单,并且只能在超市购物,不再把零花钱跟日常表现联系起来。

我们当时的想法是,给予儿子一定的花钱自由,但不能乱买东西,列购物清单可以帮助他弄清楚钱都花到哪儿去了,而超市里的东西至少有质量保障。

就这么实行了3个礼拜,有一天儿子特别沮丧地对我说:"妈妈,我看上了一个玩具,需要30元钱,可是我的零花钱都花光了,怎么办?"

我问他:"你觉得有什么办法可以解决呢?"

他想了想,回答道:"我想到两个办法。第一,我自己继续攒钱,攒够了再买;第二……"他顿了顿,有点心虚地低下头,"就是你借钱给我买。"

我没想到他把主意打到我头上来,定了定神才回应他道:"这样吧,我可以借给你,但你接下来三个礼拜的零花钱就要拿来还债了。而且这个要补充到协议里去。"

儿子眼里闪过一丝光芒,兴奋地说:"好的,没问题!"

新玩具并没有让儿子保持三个礼拜的热情,事实上只过了一个礼拜,他就后悔了。他带着一副懊恼的样子对我说:"妈妈,我发现我并没有那么喜欢这个玩具,下次我还是想清楚了再买吧。"

我问他:"那你下次如果还想要买一件东西,但零花钱又不够了,你还会选择向我借钱吗?"

儿子斩钉截铁地说:"肯定不会了,其实攒一攒也挺好的,说不定攒着攒着就不想买了。"说完他忽然变得有点沮丧,又嘟囔道:"可我这个钱实在是攒得太慢了。"

我灵机一动,对他说:"我有两个办法能让你的钱攒得快点,你想知道吗?"

儿子一听,马上来了兴致:"真的?快说!"

于是我把理财产品的概念简单地跟他讲了一遍,又表示可以给他提供一个赚钱的工作——洗车。

"太好了!等我下次拿到零花钱,我就去买理财产品!然后,我是不是今天就可以帮你洗车了?"儿子的眼睛亮晶晶的。

我一口答应:"行!那我们把这两项也写进协议里去吧。"

随着我们跟儿子制定的"零花钱协议"内容越来越丰富,我们发现儿子对金钱的认知越来越清晰了:他学会了在购物前做预算,学会了记录收支情况,学会了控制冲动消费,学会了统筹理财,学会了借贷关系……甚至心算能力都在噌噌噌地提升。这些都是他在管理零花钱的过程中自然而然的收获，比起我们之前的严厉监管和说教可是有效多了。

现在，我毫不怀疑儿子将通过零花钱学到更多——正如一位家庭教育大咖曾经说过的那样："零花钱是一个非常强大的家庭教育工具，如果运用恰当，孩子可以从中学会规划人生。"

(作者：刘丹艳)

"钱是万恶之源"？抑或不是？取决于我们的价值观如何，如何以钱为工具，培养孩子的财商。

家长思考题

1. 和孩子商量零花钱发放的时间和数量。
2. 给孩子准备一个钱袋子用于零花钱发放。
3. 让孩子准备一个小本子当账本。
4. 每周发放零花钱的时候和孩子一起回顾上一周零花钱的使用情况。

账 本					
日期	收入项目（哪儿来的钱）	收入数量	支出数目（花到哪儿了）	支出数量	结余

2."千金散去还复来",不只是培养了数学能力

我还记得,很多年前我经常跟一些半大的小姑娘、小伙子聊天,我问他们:"未来,你们打算做点什么?怎么赚钱?"

我得到的回答大部分都是:"那都是以后的事儿。"

我当时的想法是,可惜孩子们都没有接受过太多的财商教育,从小不识钱,不知钱的来路,不考虑钱,不和钱好好打交道,仿佛长大自然会有钱,这个不利于孩子和金钱建立良好的关系。

如果孩子从小具备理财的思维,那叫习得,将来在运用金钱的时候才能无招胜有招。

所以我的孩子从小时候开始,我就注意培养她和钱的关系,在大人的帮助下,包括她的保险、存款、基金、股票,她个人名下的财产已经超过了6位数。

首先她认识钱,她知道什么叫银行,知道每年大额的进项当然最主要是压岁钱了,存到银行去相当于养了个会下金蛋的小

金鹅。

然后她知道基金,她也懂得股票,她知道行情里有红有绿,知道红是什么意思,绿是什么意思;通过股票上上下下,她知道钱是流动的,会来也会去,会去也会来。

那么这个7岁的孩子,在拥有这些财富的过程中,她学会了什么呢?

过年的时候,她的压岁钱有近3000元。

过了元宵节,依据当地的风俗,我和她一起把钱从红包中拿出来。

拆红包真是件快乐的事,孩子喜欢,我也喜欢。

孩子喜欢的大约都一样:拥有,而且超出想象。

而我喜欢可以和孩子一起做一件大人们才考虑的事,很有趣。

"哇,这些钱都是我的?有多少?"孩子拿起那一沓钞票,和我小时候一样,眼里闪着惊喜的光。

"对的,有2990元。"

"这么多,都数不过来了。"

这是实话,千位数已经超过了四五岁孩子的认知,毕竟她对数的概念还停留在百位。

然而,这个拆红包的小事加速了她对数的认识。

"我有个想法,让这些钱去做不同的事,看看它们都能干什么?"

我一边说一边把钱分成3份,而小孩子很专注地盯着钱,她想知道钱要怎么去"做"不同的事。

"这沓最多,是2800元,我们把它变成小金鹅,让它下金蛋。"

"就像吉娅一样。"她听过《小狗钱钱》,对储蓄的概念并不陌生。

"对!"

我把她的账户展示给她看,用利率解释给她听,2 800元一年之后可以多多少钱。

"哇,以后会一直有很多小金蛋?"

"对!"

孩子把储蓄和收益联系在一起了,存钱的意识开始建立了。

我们接着处理第二份钱。

"是不是开学需要捐款?"

"对!"

我们讨论了捐款的数量以及捐款能给别人带来什么。

她把这两份钱分别收了起来。

第三份是自己可以随便花的钱。

对于自己随便花的钱,她学会记账,学会花小钱,存大钱,学会用钱取悦自己,给别人帮助。

她知道钱是流动的,能带来朋友和友谊,能让亲情连接深厚,这是孩子在不断付出的过程中体会到的,她曾经用自己攒了8个星期的零花钱请我吃了一顿哈根达斯,付出的时候她体会到她为大人带来的快乐,给自己带来的快乐。

她也常常在来工作室陪我工作的时候,请小朋友们吃下午茶,和好朋友们一起吃一起聊。看到她大方自然的样子,我总能想起和她一起读到的孟尝君三千门客的历史故事。孩子不过出于本心在和朋友们分享快乐,却也在自然地实践着"财散人聚"的深刻道理,而这一实践不过是因为有了零花钱这个工具的熏陶和自由支配的权利,连接的能力就从小习得了。

她也常常为大人分忧:"你去吃个好吃的早餐吧,我来给你付钱。""这次的机票,我来付一部分吧,节约你的一点流水。"我经常讶异于小孩子说出这样的话来,她留意身边发生的事情,她乐于在亲人们有困难的时候伸出援手,这还是因为她有支配零花钱的自由,因而愿意贡献自己的价值,以此换来周围人的轻松和快乐。

记得有一次我们带她一起外出用餐,过一个简单的周末。

晚餐买单,她一下跳出座位,抢着说:

"我来付,用我的钱!"

不一会儿,她回来了。

我问她:"你的钱够吗?"

"够!我算算他付我多少。"她一下蹲在地上,认真地算起来。

"嗯?你付他,他找你?"

"对,他找我8元。"

"你算得很快很准确哦,看看你还剩多少钱?"

"还剩28元。"她一下就算出来了。

我突然想起一件事,决定问问她:

"如果哪一天你要买一个玩具,这个玩具需要40元,你不够钱买,你会怎么办?"

"嗯,跟他讨价还价!"

我几乎要放声大笑,学得太快了!讨价还价的概念,我们上午才说过。

"嗯,我听到你已经运用了学过的概念。这么说吧,有时候啊,讨价还价得有一个范围,要是还价还得太多了,别人也是不肯卖的,那你会怎么办呢?"

"下次攒够钱再买。"

"嗯,又是一个解决办法。如果这一个玩具你特别特别想要,你也担心下次去没有卖的了,或者别人不在那个地方卖了,你会怎么办?"

"嗯,我会先找爸爸妈妈借钱,先买回来,攒了钱还爸爸妈妈。"

"哦,你一直在想办法解决问题。那我问问你,如果特别想买又不够钱,你的感受是什么?"

"着急,失望。"

"那么你怎么应对这样的感受?"

"可能会哭一下下,然后想办法。"

"哦,你会不会有这样的想法:好后悔啊,不应该请爸爸妈妈吃饭,这样就不会不够钱了?"

"不会啊。"她笃定地回答。

"哦?为什么?"

"爸爸妈妈经常带我游山玩水,给了我很多,我也想给你们我的爱。"我搂了她一下。

"嗯,谢谢你的晚餐。我们再来想想,你请爸爸妈妈吃饭或者去买QQ糖付款的那个瞬间,你的感受是什么?"

"快乐。"

"嗯,在未来你不够钱付款再买新东西的时候,这种快乐会不会消失掉?"

她想了一下,说:"不会。"

"哦,为什么?"

她说:"因为你已经快乐过了,很好;不够钱买的时候可以哭，可以想办法，也很好。"

"你的意思是不必因为现在碰到的问题后悔过去的选择，现在的失望也不会掩盖已经有的快乐？"

"对！"

让孩子掌握零花钱，让他学会在分享中感受友谊和快乐；让他学会为大人分忧，贡献价值，体验责任感和快乐；让他学会感恩，感受亲情连接和快乐。

更重要的是，让孩子在掌控零花钱的过程中，培养出"千金散去还复来"的豪迈和勇气。金钱来来去去，把握好流动中的快乐，沉淀出孩子爱自己、爱别人的能力，自然会不断勇往直前去看更大的世界，去获得更多的人生体验。

2 家务活，在动手的过程中让孩子的学习能力全面提升

1. 做家务是浪费时间？培养孩子逻辑能力的时机岂能错过

社会分工越来越细，生活越来越便利，其实能留给孩子做的家务活实在不多。

然而，如何让孩子承担这已经不多的家务？往往有家长会把家务活和零花钱结合在一起。

能不能结合？取决于家长如何看待家务活，以及期望孩子从中学到什么。

在课堂中，基本上每次开篇的第一个活动便是让家长们做一个课堂分工。

诸如："板书""张贴""摄影师"等工作先列出来，同时邀请大家头脑风暴还可能需要做的课堂工作。

往往大家会提出"文具收发""清洁""关灯"等。

然后大家自行选择自己希望负责的那项工作。

之后家长们都会表达，在这个过程中体会到了：

"平等。"

"尊重。"

"责任感。"

"有贡献。"

"乐于承担。"

"自己擅长。"

"自由。"

"轻松。"

回头看看，这些不正是我们期望孩子学会的品质，不正是我们期望孩子能体验的感受吗？

当我们把这个方式带入家庭，孩子也能体会到与成人一样的感受。

家务活是家庭里每一个成员都需要承担的工作。家长做了家务活并没有额外的收入，孩子也应该从承担家务活来理解，家务活是每个家庭成员共同生活需要共同承担的工作。

如果用家务活来换取零花钱，往往会混淆孩子对生活责任和义务的认知，孩子会误认为每做一件事情都应该有报酬，一旦他认为这个报酬对他没有吸引力，他就有权不承担这个责任和义务，而这不是事实。

做不做家务不是一个选择，每个家庭成员都必须承担家务活；不过不同年龄段的孩子可以做不同的家务，这个可以有选择。

同时，如果家长希望培养孩子用劳动换取报酬的意识，那么可以寻找一些额外的工作，例如：帮家长取快递、收集废旧物品、洗车等，可以和孩子一起根据自己家庭的情况和需求，明确额外工作的定义。

另外,我们在做孩子的学习能力训练过程中,发现家务活不仅仅是生活需要,也是一个非常好的训练孩子学习能力的机会。

例如:洗碗。

洗碗首先要确定顺序:

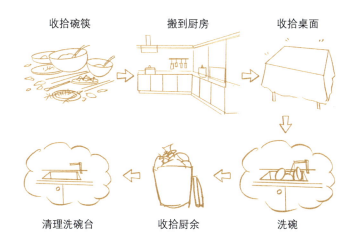

或者:

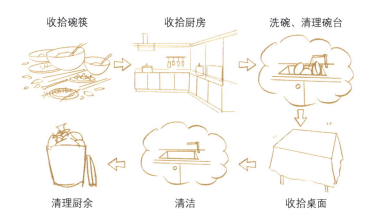

或者是按自己习惯的流程。

其中，收拾碗筷也有个讲究，是一个一个碗拿，还是几个几个拿，或是小碗摞在大碗，大碗摞在碟子上，一次性拿？一次拿怎样才能避免过重不稳，造成大麻烦？这个过程锻炼孩子的观察能力、判断能力，和建立自己做事的基本方式方法。

拿进厨房，是先摆旁边，回来收拾桌面，再回去浸泡脏碗，等碗泡好了洗，还是先把碗泡上，再去收拾桌面，回来直接洗？这是统筹安排的过程，训练孩子的系统思维能力。

洗碗的时候，是先洗碗里，再到碗边，到碗周，到碗底，还是没有顺序，随便洗洗，或是在洗碗的过程中，不同形状的碗具的洗法以及粘连厨余的不同情况如何处理，训练孩子的分析判断能力和复杂信息处理能力。

洗碗、收拾厨余和清理洗碗台的完整过程要求，训练孩子的全局观和大局观，了解最后的环节也是洗碗这件事的组成部分，并不能因为不是洗碗那个动作本身，而被忽略掉。这个过程的熟悉让孩子的系统思维能力得到实践的训练。

这么看来一件司空见惯的洗碗的家务事，其作用远超于某个单项能力训练的兴趣班，且不必劳师动众地解决交通问题，家长也不必在陪同孩子上兴趣班时经受刷手机的煎熬。

能够训练孩子能力的家务活比比皆是。

再例如整理书柜。

让孩子根据自己设定的标准进行整理，比如第一层放小说类的书，第二层放诗词类的书，第三层放绘本类的书……

每一层按由薄到厚，或是由小到大，或是按作者不同排列……

整理标准不必统一,只需要让孩子有个思路,用他自己的想法来整理,一段时间后他的标准可能会因为书籍种类和内容的不同而变化,再按新的标准来整理。

这个过程在训练孩子的逻辑思维能力和动手能力。

这么看来,家务活远非家长所想象的是浪费孩子学习时间的琐事,相反,是对孩子的学习以及能力培养大有裨益的事。

那么家长们,做好准备,和孩子一起来做家务活了吗?

家长思考题

和孩子一起头脑风暴家里需要做的家务活:
洗衣服、洗碗、洗菜、做饭、浇花、扔垃圾……
让孩子选择适合他的家务活,执行一周。
一周后回顾执行情况。
建议孩子选择可尝试的家务活,继续执行一周。

2. 家务活,让孩子在求助和合作中练就学习迁移能力

孩子在成长的过程中一定会犯很多错误,包括各种的疏忽、弄坏自己的东西、弄坏他人东西的小错误或大错误。在犯了错误之后,孩子通常会内疚、哭泣甚至于发脾气,也可能会沮丧、怀疑自己,觉得自己做不好。

家长在孩子有各种情绪的时候会束手无策,不希望孩子发脾气,又担心孩子被压抑,在心理上留下不良后果。

(1) 家长常见处理误区

1) 劝慰和解救

"没关系,坏了就算了。"

"别关系啦,我再给你买一个。"

"没多少钱赔给别人就行了。"

往往这样的劝慰和解援,让孩子从沮丧、担心、害怕的情绪里立即被解救出来,似乎当下孩子没有问题了,亲子关系其乐融融,然而也让孩子有了依赖心理,形成了这样的行为模式:我有问题就哭、就生气,然后大人会来解决问题。

2) 责备和迁移

"都跟你说,这样做不行啦,你不听,看!完了吧。"

"坏都坏了,哭有什么用!"

"你妈也是的,这东西也不放好,就不该让你来做这个事情,让大人做。"

在这样责备和迁移责任的处理方式里,孩子首先是自卑,"我没有能力,我不行",对自己产生了怀疑。其次在沮丧的时候没有处理情绪的方法,哭没有用,憋回去了,然后可以怎么办,不知道,没有训练过。

家长在把责任迁移到其他家庭成员身上时,会让孩子产生错觉:不关我的事,不是我的错。慢慢地,孩子在发生问题的时候会推卸责任,"只要不怪我就行。"没有解决问题的能力和勇于承担的能力。

3) 忽视和包办

"行了,行了,你一边去吧,我来收拾",或者一言不发,用冷漠的方式来对待孩子。

孩子会产生内疚感："都是我的错，添乱了，添麻烦了。"孩子可能会做出不再尝试的决定——不做就不会错。当然，不做也不会有进步的机会。

那么可以怎么办？还是看一个故事。

📖 先读故事：我的裙子洗不掉了！

晚上要去看音乐剧，三个月之前简小妮已经逼着我订了票，这两天更是口不离剧。

一早起来，简小妮哼着小曲，准备好了看演出的服装，理了又理，瞧了又瞧，好不容易坐下来开始做作业。

不时还跟我说两句，表达她的兴奋之情，我只是偶尔笑一笑，专心看我的书，写我的字。

于是简小妮也开始安静地写她的作业。

过了一会儿，我听到了响动，仿佛是她不小心把自己的小礼服画到了。

我没有留意，还在我的工作里。

恍惚间，只觉得那个小人儿来来去去，不时开了水龙头，不时小声嘟囔着。

我慢慢回过神，简小妮已经在小礼服上加工五六次了，我没有作声，悄悄观察着。

"妈妈——"小姑娘低声唤道。

"妈妈，擦不掉了。"着急得快哭出来了。

"嗯，我来看看。"白色的礼服裙上画了三道大黑印子，半条裙子已经湿淋淋的。

旁边放着滴着水的抹布，大约已经擦了好久了。

我没说话,把裙子拿到洗手间,小姑娘跟了进来,我倒了点洗衣液,搓了两下,最长的黑印子明显轻了。

"咦,啊哈哈。"小姑娘瞬间轻快起来,殷勤地拿起洗衣液。

"再倒一点。"

我一边把泡泡冲掉一边问小姑娘:

"你看到了什么?"

"洗衣液很有用,一下子就洗掉了。"

"你学到了什么?"

"碰到问题要及时求助,自己搞了好久都没有搞掉。"

"从你开始用抹布蹭到现在,花了多少时间?"

"很久,可能有20分钟?"

"那么现在要怎么办,才能把多花的时间补回来?"

"专心写作业,不抬头。"

"这是你的补救措施,想想看,刚才是怎么画到衣服的?"

"做作业的时候伸了个懒腰就画到了。"

"哦,下次可以怎样避免这样的事?"

"把衣服放到另一边,或者还挂在柜子里,这样就不会画到了。"

"嗯,我想到一件事,今天下雨,裙子现在是湿的,万一下午不干怎么办?"

"怎么办?"小姑娘马上晴转阴,又着急起来。

"对啊,又碰到问题了,想想办法怎么解决。"我还是很平静。

"那就穿其他裙子。"小姑娘也平静下来。

"嗯,这是一种解决方案,还有吗?"

"用吹风机把它吹干。"小姑娘估计想到了自己吹头发的情形,咯咯笑了起来。

生活中,不会不发生状况,大的,小的。兵来将挡,水来土掩。所谓"泰山崩于前而面不改色",不是要学会故作镇定,而是因为有解决问题的能力而具备镇定的力量,而在这个过程中学会寻求帮助,是另一个需要具备的能力。

📖 **故事分析与运用**:培养孩子团队合作力

我没有在孩子一发生问题的时候,立即伸以援手,让孩子先来解决,让她想办法,允许她犯错误,其实在观察的过程中能够了解孩子的能力,也让自己有时间和机会去消化发生的事情,整理自己的情绪,平静面对。

> 运用1:当孩子出现状况,并且孩子没有提出请求时,家长尽量保持观察的态度,让孩子去尝试。家长寻找这样的机会,尝试一下。

通过巧妙地运用花费时间不同的落点,让孩子思考,请求帮助和完全自己闭门造车的区别。在现代分工越来越细,科技在各领域都迅猛发展的大环境里,太长时间自己琢磨会带来一定的弊端。很多时候,在独立思考之后,再不断地放开去学习是一种必备的技能,所以,求助的能力不失为一种助推器,让独立的孩子如虎添翼。

> 运用2:孩子独立思考的时候,不打扰孩子,而孩子结束独立思考之后引导孩子学会借力,这是家长可以引导孩子学习的一种技能,在生活中找找类似的场景,进行相应的引导。

不因为孩子去做补救工作,而允许孩子耽误学习,让孩子看到因自己失误带来的后果,并想办法去解决它。在生活中会有许多意外的事件发生,这些事件不在计划内,那么学习应急,学会关注解决方案,会让孩子的适应能力和灵活性大大提高。

运用3:家长可以在孩子处理意外事件之后,引导孩子去关注还没有完成的既定计划中的事情,可以参照故事中的做法。

> **家长思考题**
>
> 找到一两个你见过的或者自己孩子"犯错"的案例,试着分析并把你的处理流程写下来,也可以发到微信公众号"晓航说",与作者互动。

3. 动手完成家务活,帮孩子深植"我能行!"的意识

阿德勒个体心理学认为:人的社会情感和能力感是一个人是否健康的重要标志。做家务就是一种不花钱培养孩子学习生活技能,发展社会兴趣和能力感的一种教育。而这一教育,我们从小娃娃就可以抓起。

我的女儿刚学会走路就摇摇晃晃地自己去扔尿不湿,两岁多开始跟着我在厨房里拿小刀切菜……现在上小学了,收拾房间、洗小衣服、一起搞卫生、一起炒个简单的菜、帮忙洗碗什么的都是常事了。

虽然女儿两岁多就开始跟着在厨房切菜，也会帮忙洗菜，偶尔会看看我炒菜，但开始自己动手炒菜却花了不少时间，因为她心里对自己是怀疑的，害怕的。她在不到两岁时被开水烫过，以后对"烫"的物体非常抗拒，哪怕我有意无意地想让她掌勺，她都是拒绝的。理由是：我不会！我不敢！我害怕！我做不到！……但我并没有放弃，总是会在她偶尔看我炒菜时有意无意地引导她。

一直到幼儿园大班，那个周六中午她想吃番茄炒蛋，这是她最喜欢的菜之一，那天家里并没有番茄，她又很想吃，我提议晚上再吃，她却提出来现在去楼下买番茄，回来自己做。这是她第一次提出要自己动手炒菜，我除了惊讶更多的是惊喜，于是我欣然同意。

从超市回来后，女儿却反悔了，满脸担忧地说："妈妈，我觉得我会做不好。"我毫不意外地望着她："为什么会这样认为？"女儿可怜兮兮地说："我怕烫，它就像一个小怪兽，让我害怕。""嗯，你有点担心，怕在做的过程中被烫到是吗？""是的，像小时候被开水烫到手那样！"不到两岁的时候女儿被开水烫到过，她还有印象。我心疼地抱抱她，说："那是个意外，今天我们一起，如果你需要妈妈的帮忙，我会帮你的，并保证你不会被烫到。""你会在我害怕的时候马上帮我是吗？""我保证会的！我会一直陪着你！而且我相信你可以做到的。"女儿看了我一会儿，似下定决心地说："好吧，我试试！"

于是，女儿带着惴惴不安的心情，在我的提示下，开始准备工作了。

只见她先把番茄洗净切小块，装在碗中备用，还不忘切个蒜片。在第二步打好鸡蛋、热好油锅要倒入鸡蛋液时，女儿端着碗，缩着小手，耸着肩膀缩着脖子，皱着小眉头看着，就是不敢倒。我站在她身后，一只手抱着她，一只手和她一起扶着碗，对她说："来，我们一起把它倒下去。"边倒边说："锅热了，我们会感觉到它的热气，往下倒鸡蛋时，手和锅保持安全距离，让自己能接受，往下慢慢倒鸡蛋就好了。"在这个过程中，女儿还是有点小紧张，翻炒鸡蛋时，我还是和她一起握着锅铲。等关火了，可能比较适应了，她把鸡蛋铲小块盛出备用。

第三步要炒番茄了，遇到同一问题：热好油锅倒番茄。见她有点愣神，想着她又害怕了，正想说和她一起倒，她却转头问我："妈妈，也是只要轻轻倒下去就没事吗？"我给了个鼓励的眼神说："是的。"这次她自己把碟子里的番茄倒了进去。等到差不多了提醒她把鸡蛋倒进去翻炒，然后加盐、盛出。一盘酸酸甜甜的冒着香气的番茄炒蛋做好了。

虽然第一次整个过程并不是太顺利，但都是女儿动手完成的，女儿很兴奋，说："妈妈，我觉得我做的番茄炒蛋好香啊！"我深吸一下鼻子，满脸陶醉又真诚地说："香！真香！"女儿仰着兴奋的小脸说："妈妈，我做到了！""是的，你做到了。宝贝，你能告诉我你是怎么做到的吗？"女儿转头看着刚刚劳作过的锅灶，说："我开始时怕做不好，又怕烫到，然后你说你会陪着我，我就想试试。其实我还是害怕的，我又想到之前我学扫地的时候，开始不会扫地，那个扫柄总是打到旁边的东西，或搞到自己的头发。然后你教我扫把要两手分开，扶直一点斜斜扫。倒鸡蛋和番茄时也一样，把手抬高点，斜斜地倒就没事了，我跟我自己说：我要完成它，我可以做到的！"

我有点惊讶，原来倒番茄的时候愣神不是害怕，而是在回忆"往事"，还把做其他家务的经验迁移过来了："宝贝，你战胜了那个小怪兽，真厉害！还有，妈妈只教你轻轻地倒，你居然发现倒下去时还是斜斜地倒。你还发现了什么？"

女儿想了想说："妈妈，我还发现了，烫的东西也没那么害怕了，只要保护好自己。开始的时候是挺难，只要勇敢一点去试试，说不定真的可以做好呢！下次我要做胡萝卜炒蛋！"

当孩子愿意动手尝试、战胜恐惧、坚持完成这一过程，孩子内心对自己是很认可并充满自信的。孩子把自己亲手做的食物端到餐桌前，先不管它的卖相、味道，孩子自己靠自己的能力完成了一项家务，得到父母的认可和鼓励，她已经是格外高兴和满足。这种成功的快乐最能树立孩子的自信心，孩子会做的家务活越多，孩子的自信心也就会越强。孩子感觉到：我是有价值的！我是被需要的！我要坚持！我能行！自我价值感就形成了，内心就会充满力量——"我能行"的！

这个意识，需要孩子在成长的过程中，不断地靠一些事物来建立起信心，而做家务正是孩子模仿父母且可以得到认同的有效方式。换句话说，做家务是孩子建立自信的一种方式，并能帮孩子培养良好的生活技能、发展社会兴趣和能力感。

培养孩子做家务的能力，不能只限于口头，而应该通过劳动实践来进行，要舍得多给孩子劳动的机会，让孩子有实践的机会。那么家长和孩子应该怎样去做呢？

（1）根据年龄，做力所能及的事

《人民日报》曾提出过一个《孩子学做家务年龄表》，可以作为参考：

	9个月~3岁：做家务是最好的游戏
2岁之前	给予一些简单指示，让孩子自己拿汤匙吃饭。
2~3岁	在家长的指导下，把垃圾扔进垃圾桶； 当家长请求帮助时，拿取东西； 帮忙把衣服挂上衣架； 浇花（家长给适量的水）； 晚上睡前整理自己玩具； ……
	3~6岁：在家务中发展想象力和自信
3~4岁	摆放碗筷和椅子； 喂宠物； 睡前帮忙铺床，比如拿枕头、被子等； 饭后自己把餐具放进厨房水槽里； 帮忙把叠好的干净衣服放回衣柜
4~5岁	自己铺床； 饭前准备餐桌（从帮家长拿餐具开始，慢慢参与摆盘）； 饭后收拾餐桌，用抹布清理； 把洗好烘干的衣服叠好，家长要教孩子如何正确叠不同的衣服； 自己准备第二天要穿的衣服
5~6岁	帮忙换床单（从帮忙把脏床单拿走，并拿来干净床单开始）； 自己准备第二天去幼儿园要用的书包和鞋； 收拾房间，养成把乱放的东西捡起来并放回原处的习惯

续表

7~9岁：在家务中掌握独立自主能力	
7~9岁	在父母的帮助下洗碗盘； 尝试学习烹饪，做简单的早餐或煮面条等； 学习使用洗衣机、吸尘器、电饭煲等家用电器； 保持卧室整洁，定期打扫； 旧物改造，进行手工创作
9~12岁：在家务中掌握社会能力	
9~12岁	参与安排家庭聚会，写邀请卡，为宾客准备礼物； 参与组织家庭节日活动，购买节日用品； 参与拟定出游计划和出行攻略； 定期组织家庭会议等

（2）循序渐进，慢慢培养孩子的动手能力

苏联著名的教育学家苏霍姆林斯基曾说："在学校工作的十几年经验使我相信，劳动在智育中起着极其重要的作用。儿童的智慧在他的手尖上。"

从《孩子学做家务年龄表》中，我们可以看出，家务活不仅仅是常见的扫地、洗碗、做饭、洗衣……它是一个循序渐进的生活和学习技能。对于学龄前（或刚接触家务活）的孩子来说，他们的动手能力还比较弱，所以我们应该从孩子力所能及的家务开始，在家长的指导和帮助下做一些简单的工作，花时间训练，和孩子一起做会更好。

并耐心引导孩子：擦桌子时把袖子挽起来，以免弄湿衣服，要把抹布拧干，小心撒到地上弄湿地板，避免摔跤；擦的时候向

着一个方向擦,整个桌面都要擦到,擦完后把抹布洗干净挂好。孩子非常喜欢模仿,对大人的各种行为都可能跃跃欲试。这是他们探索欲的体现,我们可以尽可能地给孩子提供尝试的机会。通过这样清晰的讲解,孩子听懂了,才会愿意学着做,并逐步掌握技能。孩子天生具有独立的愿望,当他们能够掌控的事情越多,则他们的安全感和自我驱动力越强。孩子就能够更加主动地参与到探索和实践中去。

等到孩子的年龄再大一些,就可以让他们去做一些比较复杂的家务劳动。比如说每周打扫一次房间,或者学习使用各种电器来洗衣或者做饭。等到这些基本的家务活都非常熟练的时候,家长就可以鼓励孩子,放到家庭计划的制订中,把家务清单一一列出来,让他们对于家务提出自己的意见,一起讨论所有的问题,关注解决办法!让孩子意识到,家务劳动是每一个家庭成员的责任。在这个阶段,孩子需要被赋予更多的平等权利,一定程度上参与到家庭决策的层面中来。

如果孩子一开始就对家务活不感兴趣,或者不知道该怎么做,家长也不要强制孩子,可以用家庭会议的方式说明家务活的分工,然后可以让孩子自己选择可以做哪些家务的类型,自己来给自己做规划。多给孩子一点引导、一点耐心,一点时间,一点信任,相信孩子的能力,也相信他们会在这个过程中受益良多。

教育学家陶行知说:"好的父母守望孩子,让孩子自己主动地成长;坏的父母代替孩子做事,让孩子被动成长。"

家庭教育的最终目的是帮助孩子脱离父母走向独立,成功地构筑自己的生活。自信心对一个人的成长和未来的成功有着至关重要的作用,而且自信心建立越早越好。这些能力在书本上是难以学到的，只有在平时的实践中才会形成。所以，家长们放手让孩子自己尝试着去干点活吧，他们会在这一过程中不断成长为更好的自己。不要因为"爱"而"剥夺"孩子对劳动的权利，否则以后受阻的将会是孩子的自信心。

(作者：郭晓慧)

3 游戏是最有效的学习方式,让孩子学习放松两不误

1. 游戏是玩也是学,让孩子更懂享受当下

有多少孩子会背着家长玩游戏?估计不少。

有多少家长会主动让孩子玩游戏?应该不多。

简小妮也曾经偷偷玩游戏,她告诉我,她们班的很多同学也是趁家长洗澡、干家务的时候偷偷玩的。

后来,我们商量了每天的游戏时间,经过一段时间的训练,她很能遵守约定,每天只玩20分钟,到点就结束。

大约是在规定时间内玩游戏很放松,简小妮玩的时候常常把背景音乐外放,我不管在厨房还是在书房,都在游戏的氛围里。

连续几天,我都听得她的游戏是一片宫斗声:"皇上,我已经是皇后了。""你以为你是皇后,我会怕你吗?"……

呃,这,这么脱离现实的宫斗情节,会对孩子的成长有什么影响?

我琢磨了琢磨,没有立即发声。

这天的特殊时光,我决定跟简小妮谈谈。

"这两天你玩的是什么游戏呢?我经常听到皇上皇后的。"

"哦，就是那些小游戏啊。"简小妮一边跟我过家家，一边讲游戏的内容给我听。

"嗯，我听到你说的这些内容，我个人感觉是把人往小心眼里带，要不就是你害我，要不就是我害你，总是提防来提防去。这大约和新时代少年的生活方式不相符，不太利于养成阳光积极的性格。"

"嗯，就是宫斗剧。"

"你懂的还不少，这样的游戏，你喜欢哪些部分？"

"古装很漂亮。"

明白了，于是我们讨论了一些游戏对人的引导作用和我们期望获得的技能，头脑风暴了一些可玩的游戏，诸如成语接龙、脑筋急转弯、换装类游戏。

玩游戏，在现代，大约会成为孩子生活的一部分，如果一味禁止，恐怕只会让她走回偷偷摸摸玩的老路。

既然可以玩游戏，就要考虑能玩哪一类游戏，宫斗不适合，成语接龙、脑筋急转弯、换装类估计能顶一阵，还得挖掘适合的游戏。

古装、阳光，我琢磨了半天，《绘真·妙笔千山》，我想起那套网易与故宫联手开发的游戏来，以中国山水画为背景，画质精美，一款以艺术文化为核心的通关游戏。

简小妮也是爱不释手，不停地跟我讨论情节，我帮她找攻略。

游戏，可以是洪水，然并非不可治。

鲧，用堵法治水，引得洪水泛滥；大禹治水，以疏通为要，终成大业。

家长，你想当鲧，还是禹？

她玩过家家最热衷的是：卖东西。

她有一堆琳琅满目的各色亚克力小制品，她拿了来当钱，今天她卖起书来了。

一开始，一本书她卖80元，结果我讲完价30元还买一送一。

轮到我卖，我定了个阶梯价，180元、280元、380元各一本，买380元的送280元的，买280元的送180元的，结果她380元买了我两本。

再轮到她的时候，她噘着嘴说："就剩一本了，没有买一送一，我怎么卖嘛。"

于是我演示了一下，最后她1580元买了最后一本书。

我问她："你是不是特别想买，觉得不买就亏了？"

"对啊！"

"你知道为什么吗？"

"不知道。"大约小姑娘在疑惑自己为什么想花大价钱买我的书。

"因为我不是为了卖书而卖书，我刚才卖书的时候，给你的都是你需要的东西，而且超出你想象的东西，你是不是觉得很值？"

"是啊。"

"所以，我们不是为了卖掉自己有的东西，而是为别人解决问题，提供别人需要的价值，这才是营销。你不能为了赚别人的钱而赚钱，只要你为别人解决了问题，帮助了别人，赚钱就是顺便的事。"

在游戏中，小姑娘对"营销"的事热衷起来，不停地跟我练习。

"等我练了很多次以后，我也能做得像你一样。"

金钱观、价值观、人生观在游戏中慢慢地建立起来了。

这样的人生怎会没有意义？这样的孩子怎会没有人生目标？前面还有许多有趣的事等着我们去探索呢。

家长实例

"暑假了，你家孩子在干啥？"聊到这个话题，大多数妈妈都有一肚子的苦水：孩子整天拿着手机玩游戏、刷抖音，刷完抖音再去QQ、微信群聊聊天，暑假作业、辅导班统统靠边站。家长各种说教，甚至严厉的管教都阻止不了他们玩游戏的劲头，让家长感到焦急、无助和绝望。

我们知道，不少家长自己也玩游戏，不管是因为无聊打发时间而玩游戏，还是因为解压而玩游戏，你如此着迷游戏的理由，对孩子而言，同样适用。更何况，控制人们行为的大脑皮层前额叶差不多到25岁才发育完全，也就是说，孩子的自控能力比成人差，他们自己控制不住玩游戏。因此，家长需要改变对待游戏的观念，停止使用简单粗暴的方式，强迫孩子禁止玩游戏；控制自己的情绪和行为，转换思路与策略：即帮助孩子管理好玩游戏这件事，比如什么游戏可以玩？每天玩多长时间？你从游戏中得到什么收获？用启发式提问，引导孩子思考，游戏除了能给自己带来快乐，我们还能从游戏中学到哪些不一样的东西。

我家俩宝贝也喜欢玩游戏，他们每个周末都会联机打"王者"。平时，不打游戏时，姐弟俩经常斗嘴，谁看谁都不顺眼。一旦进入游戏联手杀敌时，手足间的友好、团结、协作展现无余。更有意思的是，一起玩过了，就有了共同的话题，彼此间沟通的机会增多，姐弟情谊也随之升温。另一方面，姐姐懂的知识多，他们聊天的过程中，有时候姐姐说的某个点会触发弟弟的好奇心，接下来他去看书了解更多相关知识。比如，姐姐说游戏中项羽、刘备等人物的强项技能与历史书上说的不一样，还给弟弟分享了桃源三结义等故事，弟弟觉得懂点历史挺有意思，于是一个月内看完14册儿童版的《中国历史》，现在，小学二年级的他能跟姐姐谈论中国朝代更迭顺序、谈论黄帝为什么要消灭蚩尤，统一国家……玩游戏能学到这些知识，真是意外收获。

这也让我更加坚信自己的做法是正确的：和孩子们一起制定玩游戏的规则，和他们一起玩，引导他们享受当下，在玩中学习。

在我们家，只有周末，孩子们才有30分钟/天的游戏时间，开始玩的时候，按下闹铃；时间到，关机。偶尔，他们玩到精彩处，向家长说明，申请延时3~5分钟，是被允许的。

因为喜欢游戏，每周末30分钟意犹未尽，但是彼此达成的规定是要遵守的。那么，还想玩，怎么办？弟弟想出了一个办法，"咱们来玩真人版游戏吧"。

说干就干，为了腾出时间和小朋友们玩真人版游戏，弟弟主动提出来用"番茄钟法"提升作业效率，早早完成作业，和小朋友玩真人游戏。

在这群孩子中，弟弟玩游戏相对比较多，自然也就比他们更加精通游戏环节。因此，小伙伴们推举他为队长，负责角色和任务分配、游戏规则制定。

经过这样的真人版游戏过程的多次历练,弟弟的组织协调能力、沟通技巧得到了很好的实战训练。疫情解封复课后,班主任老师任命他担任两项工作:英语课代表和管理班级日报,这让他更有成就感和归属感,学习激情高涨。

姐姐呢,喜欢游戏中的人物造型,最近又迷上电脑手绘,把游戏中的人物画到自己的作品中,分享给一群爱好手绘的小伙伴。群主喜欢同款游戏,也喜欢姐姐的画作,开始每个月跟姐姐约稿一件。这件事,让姐姐兴奋了好久,也开始思考如何提升作品的价值。

著名画家陈建华老师跟姐姐说:"一件好的作品,除了绘画技巧,还需要创作者的文化底蕴作为积淀。只有内外功力都够了,才能画出高水平的作品,作品的价值自然也就上去了。"

姐姐谨记陈老师的话,最近她开始有意识并用行动去干掉自己懒、怂、拖的坏习惯,临近期末考试,她坚持四周,周六日上三个辅导班,把疫情期间网络课上没有掌握的知识点补回来。因为,她明白,如果从现在开始冲刺,她就有更大概率考上自己心仪的高中,离自己去心仪的美术学院深造,实现内外功兼修、提升作品价值的梦想更近一步。

我家孩子玩游戏得到的收获,让我认识到游戏犹如生活中的调和剂,如果家长掌握管理玩游戏的规则与技巧,游戏不仅能让孩子释放压力、享受当下,还能让孩子通过游戏学到书本上不一样的知识与技能。

(作者:查小敏)

2. 用游戏的方式来学习，轻松培养孩子的创造力

7岁的简小妮这几天扑克牌玩上瘾了，她要求晚间的特殊时光增加到20分钟，和我玩扑克牌。

规则：每人出两张牌，用混合运算把它算出24来，谁最快算出来，桌上的四张牌就归谁。

刚开始的时候，自然是我快，小姑娘就噘了嘴。

我一想，对于刚开始背会乘法口诀的小学生来说，要判断这四个数是否能凑成24不容易，还要比速度，相对有点超纲。

于是我常常一拍桌子，告诉她本题有解，她只需要解题就行。

慢慢地，组合多了，就会发现对她来说有一些题目很难解。

于是我再次降低难度，把牌摊开，只要她找到思路，牌就归她。譬如：8，4，3，7要凑成24。

她摆了半天没得出结果。

我说："24-8=？"

她说："16。"

我问："16是几和几的积？"

"4和4。"

"好，已经有4了，你再找一个4。"

她恍然大悟道："7-3=4。"

她兴奋地收着战利品。

接着是：7，4，8，4这几个数字。

她犹豫了半天："这个，这个，没，没有吧？"

"有，真有！"我其实也算了一下。

"4，7，你已经有28了，28-24，你还要找几？"

"哦，4，8-4=4！"

时间到了，她还要赖，想继续玩，因为她握了一大堆牌，成就感满满，最后以我手里剩一张牌告终。

游戏规则本是比谁快，然而游戏规则是人定的，成人假装慢一点也是规则。

想要孩子在玩中学，首先要让孩子想玩；要想让孩子玩，得让他尝点甜头。当他玩上了之后，一次又一次地练习，能力自然就上来了。

我输了，但我赢得不断和孩子玩的机会，赢得了训练孩子算术能力的机会。

孩子赢了，赢了一堆扑克牌，也赢得了锻炼自己能力的机会和快乐学习的过程。

赢得孩子，而不是赢了孩子，其实就是共赢。

快乐与学习很多时候并不冲突，只有不断地让孩子找到学习的兴趣，学习内驱力才会持久。

家长思考题

1. 你会给孩子玩多长时间的游戏，游戏的形式是什么？
2. 从孩子玩的游戏中孩子能学到什么？你会如何引导孩子玩游戏？

第7章

给孩子一个终极目标，让他成为自然型学习者

从前，如果说老一代的人们似乎没有明确树立过人生目标，也会奋力拼搏，那是因为社会经济发展条件限制，人们都有强烈地改变自己的生存条件和命运的渴望，这样的渴望激发着他们不断拼搏。

当然随着整个社会经济条件改善，人们的生活质量不断提高，于是去探讨人生的意义变成了一个很迫切的问题。

常常有家长会跟我说："我也不知道人生的意义，人为什么活着。"

马斯洛的人的需求的五个层次，大约能帮助我们来解决这个问题。

人的需求包括温饱需求、安全需求、社交需求（情感与归属）、尊重的需求、自我实现的需求。

当现在温饱需求、安全需求在生活中基本满足的情形下，一定要开始关注孩子情感与归属问题，让孩子学会去探索尊重与自我实现需求满足的途径。

1 家长这样做，就能轻松培养孩子的责任心

1. 担心孩子走弯路？有机会犯错误的孩子才能找到自己的路

家长常常担心孩子走弯路，只要孩子有一点点可能做错的可能，甚至是做得不够好的可能，家长都会提前将这些小苗头扼杀在萌芽之中，希望孩子能够时时正确，事事正确。然而，正是这样的随时保护、过度保护，让孩子失去了试错的机会，失去了很多宝贵的实践经验。

在孩子学习的过程中，一定需要自我探索，一定会走弯路，允许孩子尝试，允许他浪费一些时间，允许他做一些"无用"功，他才能真正形成自己的经验库。

我曾经陪过7岁的简小妮去玩游戏。那天她玩了将近一小时的游戏，两只小手都被游戏手柄磨出了水泡。

在玩的过程中，我曾有过担心，担心玩得太久，担心她养成坏习惯，所以出言制止："不能再玩了，再玩下去，把手累坏了，没法练琴了。"

"不行！还要玩！"她反抗。

我想，没有过体验是难以说服一个人要做什么，或不要做什么的。花点时间让她体验一回吧，哪怕一星期练不了琴，换回一个经验也不错。

于是我安下心来，且看看会发生什么事。

等我们出得游戏厅来，简小妮开始"吸哈吸哈"愁眉苦脸起来。

"怎么啦？很累？"我猜。

"很疼，是很疼。"她把手伸到我面前。

一个水泡在右手食指上，一个水泡在左手虎口上。

"都磨出水泡了，那一定很疼，看来玩游戏也是要付出代价的。"

吃饭的时候，她基本是打蔫的状态。

晚间练琴，简小妮不由自主地"哎哟，哎哟"地呻吟起来：

"我的手有点掰不过来了，和钓鱼保持一个姿势。"

"嗯，和平时有什么不同？按在琴键上有区别吗？"

"有，有点不听指挥了，好像不是我的手。"

"哦，看来手也有发脾气的时候。"

停了一歇，她又说："以后要再这么玩游戏，就会变成商场前面那个流浪汉。"

"嗯？"我颇为诧异，这是家长课堂上家长的台词，通常是"你再不好好学习，长大了就变成流浪汉睡大街去！"简小妮把它用在自己身上？不应该啊。

"对，像那个流浪汉一样，只有三只手指，其他手指都不好使了。"

"哦，你看到了？"

"对，他用三只手指，我猜的。"

"那下次让你再去玩游戏，你选择玩10分钟，还是一小时？"

"一小时，不，不，一小时就像今天一样，太多了，10分钟就够了。"

我没有给她任何明确的要求，这是她从自己的经验里得出的结论。

人生本是一场体验，由无数次体验组成。

父母的经验无法直接复制给孩子，孩子也无法直接在父母的语言中获得体验。但父母可以把自己的经验升华到教育技能中，帮助孩子用最小的成本去犯错误，并从自己的错误中学习，把自己的经验迁移到其他的学习中，这就是家长能有效帮助孩子的地方。

2. 放手不是放弃，懂得以退为进，孩子越养越省心

什么是放手？不经过实践，家长很难理解什么是放手，所以家长往往被恐惧这个小魔鬼驱使着，放大孩子犯的错误、放大孩子可能受到的伤害，对孩子的"不良行为"用本能冲动回应，随时随地纠正孩子的错误，并且通常是用语言耳提面命，期望自己的一番语重心长或是循循善诱，让孩子立刻明白事情的严重性，立即按照家长的方式行事。这样家长才能安下心来，把恐惧这个小魔鬼塞回内心深处，等候下一次再被孩子的"不良行为"召唤。

可见家长之所以无法放手，不是因为孩子学不会，是家长要让自己的恐惧有处安放，安放在孩子畏手畏脚上，安放在孩子噤若寒蝉上。然而当孩子被训练成听话的"小傀儡"时，家长又开始哀叹孩子没有主见，而完全没有意识到孩子现在的样子是自己

培养的结果。

放手，不是放弃，不是不管孩子，随他自由散漫；放手是家长允许自己的恐惧存在，用成人的智慧与恐惧和平共处，同时给孩子成长的时间和空间，允许孩子有机会犯错，并让孩子有机会找到答案，这个不是"立刻"解决问题的过程，家长带着强大的内心和耐心，提供支持与陪伴，换回孩子自我成长的力量和自信心。

曾经有一段时间，我女儿在习琴上偷懒。虽然每天练习会保证时长，但是没有按要求去完成需要熟悉的部分，常常偷工减料，随性而至，练到哪儿算哪儿，想练哪部分就练哪部分，效率相当低下。

有一天，我送她上学去，一路上她依照惯例背《岳阳楼记》《长恨歌》《木兰辞》，无比流畅。

我说："你背一背《春江花月夜》吧。"

果然她是张口就来，行云流水般就背完了。

我开始提问题了，"你看你把《春江花月夜》背得如此滚瓜烂熟，是怎么做到的呢？"

"常常复习啊。"

"这首曲子你也弹过，还参加过比赛，当时也弹得特别熟练，这两天我听你偶尔弹，有错音，还卡住弹不下去，是什么原因呢？"

"好久没有弹了，不去碰就忘记了。"

"哦，都是《春江花月夜》，诗常常背，就背得很熟练，曲子不常常弹，就弹不出来，从这里面你有什么发现？"

"还是要常常复习，要不以前弹得很熟的曲子都忘了。"

"那你打算怎么做，能够常常复习吗？"

"每天花25分钟来把以前的曲子都练习一遍。"

"看来你对每天两小时的练琴时间又有了新的安排。"

> **家长如何当一个好教练，引导孩子自己解决问题？**
>
> - 想要教孩子某个道理，最好启发她自己去寻找，自己得出结论，比家长直接告诉她更有效。
> - 找到道理之后，顺便落实，锚定执行的方式和时间，避免成为空谈。
> - 一般的教练是"我教你，我来告诉你"，把自己当主角，高光都打在自己身上；好的教练是"不教而教"，让被教的人感觉到自己是主角，他时刻都在高光里，他会为自己负责，而把主角教好了，教练也就成了好教练。

教孩子，不一定是在发现问题的当下立即纠正，或者让孩子马上认同，家长可以判断这个问题的严重性，有时允许问题存在，将问题作为一个机会，让孩子自己去寻找答案以及解决方案，反而效果更好。

家长思考题

1. 你的孩子是否曾经有过一些明显错误，你和善地指出，友好地提建议，却不被孩子接纳？回想当时的场景，记录下来。
2. 如果孩子还有类似的问题发生，你会用什么方式来引导孩子？

2 "我跟着你学习",家长会示弱,孩子有力量

1. 允许犯错误,培养孩子犯错误的勇气

这一天,大家在讨论孩子犯错误的话题,大部分家长都提出自己孩子常犯的错误,希望能找到方法让孩子改正或者不再犯错误,并且很多家长感觉要让孩子意识到错误是比较困难的事,很多孩子不愿意承认错误,或者承认错误的态度很让人抓狂,比如有孩子会说:"我都说对不起了,还要我怎么样嘛!"

而小茨妈妈的困惑有点不一样:"我们家小茨就很奇怪,他要做错了什么事情,总是很快跟我说:'妈妈,我错了,下次不这样了。'可是下次还这样,他改不了。"

同样是犯错误,但是孩子的表现却不一样:

意识不到自己的错误。

意识到错误却不愿意承认。

承认错误却不改正。

虽然孩子们在面对所犯错误时的表现不同,但是由于家长对待错误的方式一向不够妥当,让孩子们进入了"心安理得"效应中。

（1）什么是心安理得效应？

"心安理得效应"是指：在采取了一个积极的行为之后，人就会心安理得地松懈下来，不再去做另一个积极行为。行为科学家杰西·卡特林（Jesse Catlin）和王怡同（Yitong Wang）设计了多个实验，证实这个效应存在于各个领域中。

从教育心理上来说，当孩子犯了错误，如果成人采用批评、指责、唠叨、惩戒甚至体罚的处理方式（在成人看来是积极的教育行为），那么孩子觉得已经被批评过、被责罚过，于是会心安理得地松懈下来，无论这个错误是否被真正认识到，他都不会为这个错误再去做进一步的反思（另一个积极的行为）。

小时候的周杰伦很调皮，被痛打是常有的事。他曾偷学过妈妈的签名，好偷签联络簿或成绩太低的考卷，有时还会故意用口水把考卷分数弄得模糊一点，再跟妈妈说是被雨淋到。而在学校，考试成绩没到标准就会被打手心。而当他回忆起童年的这些事，他说："被打都已经习惯了。"

为什么被打了还不改正这些错误呢？正是因为心安理得效应：已经挨过打了嘛，所以犯的错误已经打过去了。至于为什么要犯这样的错误，犯这些错误会对自己有什么影响，对他人有什么影响，未来会怎么办，对不起，这些思考是另一个积极行为，因为挨打过了，所以这个积极行为也不必再做了。

流量小生王源，小时候犯了错也会挨打，挨打就受着，"我父母惩罚我，就是比如说我犯什么错，他们也不让我跪，就让我蹲在一个板凳上面，蹲着特别累，就是这样。还有就是我爸用皮带打我，他说你把屁股撅起来，我打你几下。先说好，然后我就乖乖撅在那里，我也不躲，打完就没事了。"

孩子挨打、被惩罚，不管当时反应态度如何，都是抱定了"罚完、打完就完了"的态度，哪会去想错误本身呢？

（2）心安理得效应中止孩子对错误本质的认知，更糟糕的是给孩子带来长期负面后果

常常有家长说，无规矩不成方圆，罚得重孩子才能记得住，下次才不会再犯。

是的，正是因为这样的想法，才让家长常常以简单的惩罚方式来对待孩子的错误。如果家长希望孩子因为惩罚的疼或羞辱而不去做那件事情，往往是会达到目的的，但是这样的疼或羞辱让孩子学会了什么呢？

著名影星刘德华回忆，小时候跟姐姐出去玩赌博游戏。本来没有兴趣的刘德华，看姐姐玩，并且每次都猜中，也要试试，结果当自己掏钱实战时，一次也没中。回到家撒谎留在学校帮忙了，谁知被小弟弟揭穿，父亲将刘德华吊到曾经挂吊扇的地方，狠狠地揍了他一顿。对此，刘德华至今还抱怨说："我爸爸就是这样，那么简单的事，打就打嘛，还搞那么久，还把我吊上去。"

也许，当年父亲的吊打，让刘德华印象深刻，再也没有跑出去玩赌博游戏，但是对他长期的成长来说，让他学会了什么呢？他有感觉父亲是为他好吗？

有一些当了父母的成人，回想起小时候自己父母对自己的惩罚，往往会说"他们也是为了我好"。于是用同样的方式来对待自己的孩子，完全忘记了被惩罚和羞辱的当时的感受、想法和决定。

教育学博士、杰出的心理学家简·尼尔森提出：孩子在被惩罚的时候，通常会有四种决定。

愤恨:"这不公平,我不能相信大人!"

报复:"现在我打不过你,我迟早要打回你。"

反叛:"我偏要对着干,让你不舒服。"

退缩:"我偷着干,绝不让你抓到",或者低自尊"我就是个坏孩子"。

刘德华那么多年依然没有释怀的抱怨,不恰恰是当年的感受和想法一直在延续吗?

董卿有一次在主持节目中回忆起自己的童年,曾经不能自持泪流满面,她的父亲对她进行严厉的"饭桌教育",总是在吃饭的时候开始唠叨她的失误,"你这个怎么怎么样,那个怎么怎么样",她常常是一边吃饭一边哭。哭的时候也许能够将董爸爸的苛责所带来的压力减缓,但是她一直在恐惧下一顿饭爸爸会指责什么,她很努力很努力,努力着如何让爸爸满意,这一个心安理得的积极行为让她失去了思考努力的本质的机会。这使得她在童年和青少年时期极其痛苦、压抑,她曾在阳台上一遍遍地写下"活着还有什么意思"。

2009年春晚的舞台上,董卿在介绍马东时,把马东误说成了"马先生之子马季"。

董卿下台后,得知自己口误,泪流满面,在家哭了三天,连网也不敢上,白岩松发短信安慰她,董卿这才敢开电脑。

在登上央视春晚后,别人都觉得董卿很成功,可是董卿却常常处在比较紧张的状态,总是苛求自己,经常觉得心里很累,总是逼着自己反思,逼着自己认错。

没有证据证明,严苛、惩罚与孩子未来的成功有关,但是人们的经历不断地在验证：引起心安理得效应的惩罚给孩子成长带来的是负面结果。

（3）用错误管理法则帮助孩子走出心安理得效应，并且培养"我能战胜错误"的自信

如果不用惩罚的教育方式，不让心安理得效应中止孩子对待错误本质的认知，那么家长可以用什么方式帮助孩子？

用错误管理三个法则可以帮助孩子更多地关注错误本身，并且培养孩子"我能战胜错误"的自信。

错误管理法则一：列他人的错误清单

孩子犯错误，不外乎是缺乏必需的知识、缺乏必备的技能或者是缺少相应的判断能力。所以帮助孩子收集一份"错误清单"——他人的错误清单来帮助孩子学习相关知识、提升技能和能力，是非常有必要的。这样的清单可以包括：

他人的错误清单

安全知识。最好是孩子在学校见到、听到、学到的案例，让孩子写下来，请他教给家长，其实在教的过程中他就增强了相关的意识。

规章制度。有哪些同学在学校违反过什么样的规章制度，产生了什么样的后果，可以请孩子写在他的"清单"里，家长在倾听孩子讲述学校故事的时候，其实孩子多了一次通过他人的错误学习的机会。

学习失误或者竞赛失利故事。选发生在其他同学身上，让孩子通过他人的教训学习。

这样做的好处有两个：

第一个好处是：负面信息更容易被人记住，所以用"他人错误清单"来吸引孩子的注意力，更容易促使孩子采取行动。

这一点被学者罗伊·鲍迈斯特（Roy Baumeister）和他的同事们经过相关研究的广泛分析后总结出来：与正面信息相比，人们更容易注意到负面信息，也更有可能从中吸取经验教训或运用这些信息。

第二个好处是：因为这份清单里记的都是别人犯的错，孩子更容易看出毛病在哪。

如果列的不是"他人的错误清单"，而是"我的错误清单"，那么孩子就得跟"被指责"的感受做斗争，他会不断地告诉自己："这些根本不是错误，只不过是运气不好，没有注意到，没有把握好……"

所以一个智慧的家长往往会引导孩子从他人（而不是孩子本人）的错误中吸取教训，以改进日后的行为，这样做可以避免孩子因挨批评而心生怨恨。

而老师们则可以把往届学生犯的错误整理成一份"避免错误"清单，给现在的学生参考，往往孩子们认为自己不会做这些"蠢事"而避免重蹈覆辙。

错误管理法则二：从自己的错误中学习

从自己的错误中学习，并非"列他人的错误清单"（法则一）的简单并列项，即不是"列本人的错误清单"。

通常家长特别希望消灭孩子的错误，因为错误会妨碍学习进度，改起来费时费力，让孩子不自信，给周围的人留下不好的印象。然而这样看似有道理的想法往往是把错误看作失败，而不是指向成功的路标。

组织科学家妮娜·基思（Nina Keith）和迈克尔·弗里斯（Michael Frese）在分析了24个独立的研究之后发现，对错误进行管理的学习模式彻底背离了避免错误的传统学习方式，但是它的效果要好得多。

从自己的错误中学习的"错误管理"有两个要素：

第一个：督促孩子积极地投入"要学的内容"中去，主动摸索，这样做的用意就是让他犯错，让他知道错误可能会出现在什么地方，又是怎样发生的。只有自己体会过才有切身感受。

第二个：家长引导孩子如何用最好的方式去面对错误，就是让孩子知道，一旦出现错误，哪种心态能够帮助他进步。具体说来，就是家长在给反馈的时候要运用正确的方式，比如：

"犯错误是自然的，是学习过程的一部分。"

"犯的错误越多，学到的东西越多。"

"你觉得这些错误会提示你，还有哪些东西需要学？"

在这个过程中，家长带着积极的心态给孩子回应，把错误当成学习的机会，而不是责备的机会；家长是善于利用错误的引导者，而不是到处纠错的猎人。

错误管理法则三：关注解决方案

很多时候，在孩子犯错误的时候，家长常常追究是什么原因，是谁的责任，其实就是在寻求责备。如果希望孩子能够正视错误，并培养"我能战胜错误"的自信，最好的办法是关注解决方案。

小欣姐姐和小余妹妹在客厅里玩，两人闹起来，追着就把桌边上的花瓶碰掉到地板上，花瓶碎了，花和水洒了一地。

如果妈妈要追究:"怎么回事?谁干的?"

姐妹俩一定会争先恐后:"是妹妹碰到的!""是姐姐推我的!""是你先抢我的!"

……

最后这件事一定会不愉快地收场。

关注解决方案的做法是:

家长会引导孩子们:"花瓶碎片满地都是,花和水都在地上,现在需要做些什么呢?"

估计孩子们会想到要收拾,需要的不过是准备工具和分工而已。

收拾妥当之后,大家可以一起讨论,花瓶应该放在什么地方比较合适,或者讨论哪种材质的花瓶比较适合,孩子们玩的时候,怎么做能够不损坏物品。

在这样的过程中,孩子们承担责任的能力培养起来了,观察能力培养起来了,解决问题的能力培养起来了,判断问题的能力也培养起来了。

让孩子们关注于事情本身,去直面错误,而不是用批评、纠正错误的态度去阻碍孩子认识错误的本质,这一点对孩子们的成长很重要。

2. 学会向孩子请教,让孩子成为善于反思的"老师"

"作业"也许是很多父母和孩子心里的一根刺,让大家心里都不舒服。相信大部分父母都很苦恼一个问题,那就是孩子放学回家后不主动学习,经常要父母催,有时父母催促孩子,他们还不愿做。而怎么让孩子主动学习，估计也是很多父母最头疼的问题之一。

大多被动学习或厌学的孩子，一般是因为在学习中体验不到成就感。如果孩子在学习过程中，经常受到家长和老师的批评、指责，得到的肯定和鼓励很少的话，就会挫伤其学习信心。而一旦让孩子体验到成功，让孩子的内心得到满足，就能够让孩子有继续学习的动力。

美国著名学者、著名学习专家爱德加·戴尔提出的学习金字塔理论显示，金字塔的最底端，其教学效果高达90%，而这个方法是：让学生教别人。如果学生有机会把上课内容"教别人"或者"马上应用"，可以记住90%的学习内容。由此可见，让孩子当"老师"，把主动权交给孩子，是最有效的学习方式。

说到"以孩子为师"，可能有些家长会别扭，觉得拉不下脸；也有的家长可能会担心有损自己在孩子心中的威严，其实孩子在充当老师的过程中会有一种自豪感，从而产生责任感和自信心，激发学习的兴趣和主动性。

家长实例

Coco，小学一年级小女生。第一学期刚学拼音的时候，分不清单韵母复韵母，前鼻音和后鼻音也总混淆，拼读也很慢，这让孩子产生了挫败感，对学拼音有了抵触。试过的几种方法中最让她感兴趣的就是教妈妈学拼音。有一天我告诉她："妈妈也是在读小学一年级的时候学的拼音，现在看你学拼音，我好像回到了我读小学的时代，可是到现在已经过去三十多年，妈妈也忘记了很多，你愿意教教妈妈吗？"Coco有点难为情地说："妈妈，我也才刚开始学拼音，而且没学好。"说完还低下了头。我拍了拍她的肩膀，说："没关系的呀，妈妈开始学的时候也是总分不清呢，多认多读就好了。"她有点犹豫地说："那我自己都不懂，我怎么能教你呢？"我说："我们可以像老师教你一样，每天老师教了你几个拼音，当天回来你也教我几个拼音，我们一起学习。"小姑娘一听，眼睛发亮，说："可以可以，这样不难，老师在学校教我，我回家当你的老师教你。"就这样，孩子回来除了教我发音，还给我听写，如果我错了，她会像老师一样进行纠正，还鼓励我继续加油；如果对了，她也会像老师一样表扬一下我。"老师"这个角色，让孩子感兴趣，同时需要孩子上课时认真听讲，孩子在当老师的过程中，自然而然地会把学到的内容在脑海里过一遍，这样既加深了印象，也很好地梳理了知识点，更重要的是，孩子通过当"老师"，获得了学习的成就感，充分感受到学习的乐趣，最终产生主动学习的动力。

第二学期，在最近几次100以内加减法口算的测试中，老师反映她的速度有点慢。老师的要求是5分钟完成100道题，Coco的时间是8分钟左右，甚至有一次用了10分钟，老师建议要多刷题掌握好速算方法。

顿时，我的脑海里出现了一系列的巩固措施：刷题、纠题、抄错题……然后又很快被自己推翻，刷题固然能提升速度，但关键还是要熟练掌握好方法。对于这个自尊心很强的女儿，我觉得我又得给她挖坑了。

晚饭后，我有点郁闷地跟Coco说，我们早教中心有个小男孩，口算特别厉害，我都算得比他慢，他还约我下个月要跟他来一场口算比赛，看看谁算得最快，怎么办，我可能没他快。Coco听了，有点奇怪地问："妈妈，你算东西不是很快的吗？""20以内的加减法，我是算得挺快的，可是100以内的如果没有方法就算不快了。我还真的想好好准备，迎接这场比赛呢，不过不知道该怎么准备。"Coco一脸得意地说："老妈，交给我，包在我身上，你忘了？我现在学的刚好就是100以内的口算。"我有点恍然大悟地说："对哦，我都给忘了，那妈妈就拜托你了，邀请你当妈妈的老师，帮我快速提升我的口算能力。"

女儿对能帮助妈妈的这项特殊使命非常感兴趣，说做就做，Coco做完作业后，就拿出她的本子给妈妈出题了，一式两份，每份10道题，我一份她一份。Coco说："妈妈，我们先来试试看，看你要用多少时间。""好啊！"我立马坐姿端正，提笔准备好。结果是，我1分20秒，她52秒。

Coco看了看我的题，歪头想了想，问我："妈妈，你是用什么方法来做的呢？""我的方法很简单，就是个位相加，十位相加，还有就是个位减个位，十位减十位。""哦，我知道了，原来是方法的问题，妈妈，我教你一些更快的方法。"然后开始讲题，边说边演示了一遍破十法："妈妈，你看，比如计算15-9，15个位上的5减9不够减，将15分成10和5，先算10-9=1，再算5+1=6，所以15-9=6，这样就很快。"然后，让我用破十法，边做边说地重做一遍，她就在旁边看着，一副尽职老师的样子。我做着做着，她突然很惊喜地说："啊，我知道了，原来还可以用进位加法和退位减法!"等我做完题,她自己又用不同方法做了一遍,做完后,还很认真地又给我讲解了一遍。"当老师真好。"小姑娘开心地说。

在孩子成长之路上,主动性才是孩子最大的动力。父母们与其在孩子的考试分数上操心,花钱花力气,单方面逼着孩子学习,不如巧花心思,设计一些包含知识的事情让孩子去做,激发孩子兴趣,让孩子有机会运用他所学的知识解决问题,得到更多的体验和收获,学习也可以伴着快乐。

(作者:王少敏)

3 "帝王将相宁有种乎?"让孩子在升级打怪中成为王者

1. 有梦想的人最了不起,帮孩子从小树立人生目标

常常听到一些学生的悲剧——马上要进行期末考试了,不堪重负,三个同学集体跳楼自杀;因为家人的一句话,从高架桥、高层跳下去结束年轻的生命;或是自伤自残,在这样的花季,真是令人扼腕,痛心。

为什么现在的孩子如此脆弱,如此不堪一击?

这是一个很值得当代父母深度思考的问题,到底在养育孩子的过程中,缺乏了哪一个部分的培养?

先讲一个历史故事,也许更容易理解我们要谈论的这个主题。

上过学的人基本上没有不知道司马迁的,这位中国最伟大的史学家,写出《史记》这部被誉为"史家之绝唱"的恢宏巨著。然而他是在什么境遇下写出这部作品的,也许并不是人人皆知。

天汉二年(公元前99年),汉武帝派了他的小舅子李广利出击匈奴,目的是为其奠定战功,但又深知其德不配位,于是派了

名将之后李陵辅佐。在与匈奴的交战中，李广利为立战功，误判战机，结果导致李陵率5 000人正面对抗匈奴8万人，激战了8天8夜后，在弹尽粮绝、全无后援的情况下投降匈奴。

满朝文武皆痛批指责李陵，只有司马迁对李陵做出了客观公正的评价，他说："李陵是假投降，只是个权宜之计，他会寻找机会报答大汉。"说完，他又分析了李陵平时的为人和作战双方的具体情形，言外大有指责贰师将军李广利失职的意思。

汉武帝大怒，将司马迁投入大狱，不久将处以死刑。

按照汉朝律法，死刑可以用钱自赎，也可以用宫刑代替死刑。司马迁一家虽历代为史官，然而一向清廉，拿不出钱来赎罪。他不怕死，可是他有未完成的重要使命——他父亲在弥留之际交待："如今汉朝兴起，海内统一，贤明的君主、忠义的臣子的事迹，我作为太史而不予评论记载，中断了国家的历史文献，对此我感到十分不安，你可要记在心里啊！"司马迁流泪发誓："一定把父亲编纂历史的计划全部完成，不敢有丝毫的缺漏。"

为了父亲的遗愿和自己的誓言，司马迁毅然选择了以宫刑赎身死，在坚忍与屈辱中，完成那个属于太史公的使命，于是有了一部伟大的史著《史记》。

除了司马迁，还有多少伟人，忍辱负重，完成自己使命的？

文王拘于囚室而推演《周易》，仲尼困厄之时修订《春秋》，屈原放逐才赋有《离骚》，左丘失明乃有《国语》，孙膑遭膑脚之刑后修兵法，吕不韦被贬蜀地才有《吕氏春秋》传世，韩非被囚秦国，作《说难》和《孤愤》，《诗》三百篇，都是贤士圣人发泄愤懑而作。

可见，当人心中有个念想，有个未竟之事，非但不能轻生，还会克服困难，勇往直前。

这个在我们的生活中也非常好理解。

常常在交流的时候，也会有妈妈说："我也没有人生目标，我也不知道人生的意义在哪里，如何教给孩子。"

我会引导她："你为什么活着？你为什么一直在努力地活着？"

沉吟片刻，她答道："责任，给孩子做榜样。"

这是非常朴素的表达，也恰恰是前面提到的念想、未竟之事。这是人类生命衍续的本能。

我们可以把这样的本能显性化，作为执行的行动指南，用在养育孩子上。

(1) 人生的羁绊

当人在世上有越多的羁绊和联结，他越不容易轻易放弃和走开。

那么对于小孩子来说，他的羁绊来自哪里？

每个孩子天生就需要与人联结，只要父母家人给予足够的关注和安全感，这个家庭就对他有足够强的羁绊。

而孩子生下来就有学习的兴趣，只要家长不对其产生破坏，他会对世界有足够的联结。

譬如一个小孩，他对周遭的一切事物都好奇，都愿意去触碰，去感受，这是他对世界的兴趣。然而成人常常会无意中去阻止："不要去乱摸，很脏。""不要动，小心虫子咬你！""快走，不关你的事，我们赶紧回家。"

家长的这些阻止生生地在切断孩子与世界的联结。

孩子的兴趣与安全是否可以兼顾？当然可以，家长可以保持着和孩子一样的兴趣，不过多一点常识去保护孩子就可以了。

"看来你对这只小蚂蚁感兴趣，我们站在旁边观察它要去哪里，尽量不让它爬到你身上，有些蚂蚁会让人过敏。"

孩子得到了观察的机会，去了解蚂蚁的习性，也许他还想知道什么是过敏，为什么会过敏，他从家长身上得到了知识延伸的机会。

"有人在吵架，看来你对这件事很关心，我们站远一点先看看发生了什么事，我们是否能帮忙做什么。"

看热闹是人的天性，但这热闹里也许还有人的关怀在，对他人感兴趣，路见不平拔刀相助，也是一种学习。

当孩子有机会不断地从自然、从社会中产生兴趣，去了解，去接触，去学习，这些知识、常识、处理问题的技能都会是他与世界千丝万缕的联结，都是这个世界与他之间的羁绊，这些兴趣都会是他的动力。

（2）情感的联系

见过不少的家长这样要求孩子："去，去，去，学习去，这些事不用你管，你只要学习好就行。""你把时间花在学习上吧，这些家务都不用你做。""先把你的学习搞好，兴趣班什么的先不要管。"

其实学习只是生活中的一部分，孩子的生活里，除了学习，应该还有情感、其他兴趣、与人交往的乐趣。

如果一个人的生活中只剩下学习，一旦在学习中受挫，一旦学习的兴趣不足以支持他继续，那么他没有其他的寄托，也没有其他渠道让他缓冲，那么崩溃的可能性会比较大。

让孩子和周围的人和事产生情感联系，让生活丰富多彩，他更容易在其中找到学习的动力。

（3）角色的责任

一个人在社会生活中扮演着不同的角色，可能是配偶、父母、子女、某个职位的负责人、某项任务的执行者。

对于孩子来说，他可能是子女、学生、同学、朋友，当他了解了他的角色，以及他的角色要承担的责任，从中让他了解他想成为一个什么样的人，让他有能力去影响他人，通过做某些工作去帮助他人，他的人生意义就会蕴含在生活中，他自然会热爱生活。

2. 学会分阶段目标法，助力孩子成为最好的自己

分析了孩子们大量的学习问题之后，我们通常会建议家长和孩子首先树立学习目标和人生目标。

于是有家长反馈说："我孩子有目标的，只是一到要他行动的时候，他就不愿做了，是典型的口的巨人，行动的矮子。"

也有家长反馈说："他说想考最好的那个高中，可是马上就中考了，他还是一心想玩游戏。"

每个孩子都期待未来，特别是憧憬未来愿望实现的时候，此时的憧憬不需要付出真正的努力，还没有碰到困难和压力，美好的梦想似乎唾手可得，孩子当然信心满满。

我们常说，学习的过程往往是一个人走的寂寞旅途，如同在沙漠中的茫然四顾，内心时常充斥着怀疑和不确定。

当孩子处在这样的境地时，常常无助，不时地想跳出这种不确定的、极度荒芜的状态，因为当时他设定要去的那个目标，现在完全看不到，这个目标此刻无法激励他。

要让孩子学会目标激励，首先要明确目标的设立是否正确，要先学会制定长期目标、中期目标和短期目标，以及每日行动指南。

长期目标，我们应该把它定义为人生目标，在设立人生目标的时候，家长和孩子常常会走进误区。

（1）目标定得过于短视

很多人因为目标过于短视，常常出现目标实现之后茫然的情况。

例如：如果把人生目标设定为有份好工作、有个好配偶、有个好孩子，有房有车，那么在中年实现这些目标之后，人常常觉得人生没劲，这种情况也称之为中年危机，其实就是把人生目标定为成家立业，过于短视造成。

再如，很常见的大学新生，寒窗苦读十年，一旦进入大学，就放飞自我，打游戏、缺课，整天浑浑噩噩，完全没有大学生的奋发上进。这也是因为把人生目标定得太短，当目标实现之后，没有再树立新目标所致。

人生目标应该类似愿景，不是一个绝对准确的目标，而是通过努力可以无限接近的目标。

（2）将职业追求定为人生目标

职业追求不是人生目标，人的一生可以有很多职业体验，而人生目标也就是我们的志向只有一个：你要成为什么样的人。

我们常会问孩子："你将来想做什么？"那是问的职业，职业不是人生目标，而是实现人生目标的方式和手段。

常有家长说："我的孩子有目标，他想成为飞行员，我也带他跟飞行员交谈过，他知道成为飞行员现在就要做准备了，不过不努力。"

是否能从事某个职业，对于现代的条件来说，影响因素太多，能力、个性特征、兴趣，甚至于家庭因素、个人成长等，都有可能会影响职业选择，所以把职业追求当成人生目标，会造成人生目标常常变化或者因为不想改变人生目标而困惑。

（3）只设立长期目标

有些家长会要求孩子设立人生目标，因为孩子没有太多的人生体验和阅历，为完成家长的要求而随意设立目标，而家长也没有用长期目标来指导孩子进一步设立中期目标和短期目标，结果造成目标是目标、行动是行动，目标没有起到激励行动的作用。

从前，如果说老一代的人们似乎没有明确树立过人生目标，也会奋力拼搏，那是因为社会经济发展条件限制，人们都有强烈的改变自己生存条件和命运的渴望，这样的渴望激发着他们不断拼搏。

当然随着整个社会经济条件改善，人们的生活质量不断提高，于是去探讨人生的意义变成了一个很迫切的问题。

常常有家长会跟我说："我也不知道人生的意义、人为什么活着。"

马斯洛的人的需求的五个层次，大约能帮助我们来解决这个问题。

人的需求包括温饱需求、安全需求、社交需求（情感与归属）、尊重的需求、自我实现的需求。

当现在温饱需求、安全需求在生活中基本满足的情形下，一定要开始关注孩子的情感与归属问题，让孩子学会去探索尊重与自我实现的需求满足的途径。

例如：我们把人生目标设立为做一个对社会有贡献的人或者是对他人有帮助的人。

那么无论我们这一生付出多少的努力，都是在向这个愿景进发的路上，不断激发自己向这个愿意去努力。

如果将"对他人有帮助"设立为人生目标，那么在设立中期目标的时候，可以确定一下，我们做什么可以对别人有帮助。

我曾经和孩子探讨过这个问题：科学家和调酒师都会对人类有所贡献，那么是科学家对人类的贡献大还是调酒师对人类的贡献大，为什么？

如果孩子认为科学家对人类的贡献大，而他愿意帮助更多的人，那么再来讨论如何成为科学家，成为什么样的科学家。

把方向搞清楚之后，再来探讨：成为这样的科学家，途径是什么样的？需要自己具备什么样的技能？如果需要具备这样的技能，学习的阶段是什么样的？

把这些问题搞清楚，那么中期目标就设立出来了。

如果我们要进入这样的学习阶段，落实本学期或本学年段需要掌握什么知识，培养什么样的能力，能够如何帮助别人。

落实到这个层面，短期目标也有了。

再就是行动指南，可以让孩子每天早晨制定当日目标：我的人生目标是什么，我今天会做什么向人生目标靠近？

具体要完成的任务是什么，一项一项罗列出来，一件一件去完成。

每天晚上去回顾：我今天最有收获的两件事是什么，我感恩的两件事是什么。

当我们做到这一步，孩子的人生目标会融合到每天的行动中，而每一天的收获又变成动力，不断鼓励他向自己的人生目标迈进。

▶ 后　记

　　这本书从立意到完稿，整整过去了三年，经历了第一稿与第二稿全部推翻重写，第三稿才最终成稿。

　　在这个过程中，有许多的纠结、犹豫与自我怀疑，也有许多的收获与喜悦。此刻心头只涌上这句话：人生没有白走的路，每一步都算数。经历之后，那些纠结、犹豫都在厘清之后沉淀下来，变成更坚定的信念，让收获的喜悦倍增。

　　三稿，一稿比一稿成熟，一稿比一稿深入，随着时间过去，认知在不断刷新，原来的想法也迭代了许多次，案例也在不断答疑的过程中越来越精彩，挖掘得越来越深入，很多问题的剖析已经做到直击内心，一语中的。从这一点上来说，所有的付出都值得，所有的经历都是财富。

　　特别感谢我的爱人，在这三年，他默默地付出，从不抱怨；特别感谢我的孩子，她是我很多案例的观察者，她不仅是主人公，很多时候还是提供解决方案的人，可以说，没有她，便不可能有这本书。

　　感谢中心团队的讲师小伙伴们，一路走来，她们相互陪伴，从普通妈妈到讲师，到团队的运营者，她们学习成长，不仅提供亲历案例，还写了许多文字，其中就有她们的节选部分。

　　同样的感谢给予校长们和老师们，三年来，无数次沟通交流，彼此坦诚相待。他们也有困惑，他们也有压力，但是为了孩子们的成长，他们不断地要求自己成长，实在是一群值得敬佩的人。

最后的感谢送给插画的小伙伴和编辑老师们，一点一点校对，一次又一次地核实每一个细节，在他们身上，极致认真得到淋漓尽致的呈现。

感恩这一次的经历，没有它，实在不能相信，人生还能有这么多美好的体验。

最后的最后，祝福每一位看到这本书的家长，祝愿每位家长通过此书，都能成为陪伴孩子成长的育儿专家！